ユダとは誰か

原始キリスト教と『ユダの福音書』の中のユダ

荒井　献

講談社学術文庫

はじめに

かなり以前から私は、イエスを「裏切った」と言われるイスカリオテのユダについて気になっていた。新約聖書正典所収の四つの福音書において、ユダの「裏切り」の度合いが異なるだけではなく、それに対するイエスの対応にもかなりの差異が認められるからである。一般的に「裏切る」と訳されるギリシア語のparadidōmiは、もともと「引き渡す」の意味なのである。

ところが、昨年（二〇〇六年）の四月に新約外典『ユダの福音書』のコプト語本文が英訳と共に公表された。この中で、ユダはイエスの「十二弟子」たちを超える存在であり、ユダはむしろイエスの使命を果たすために彼をユダヤ当局に「引き渡した」と言われている。

このような四福音書、――『ユダの福音書』を含めれば五福音書――におけるイスカリオテのユダ像の差異はどのように説明されるべきであろうか。そのような差異を超えて、「歴史のユダ」を復元することは可能なのであろうか。諸福音書の著者にとって、ユダとは誰なのか。そして、もともとユダは誰であったのか。

本書において私は、このような問いに対する応答を試みたい。

そのために、まず「イスカリオテのユダ」という名称の由来と意味を、次に五福音書におけるユダ像の差異とその理由を確認し、最後に「歴史のユダ」への接近可能性を探ってみる。

なお、以下の叙述には新約聖書学ですでにほぼ定説となっている、いわゆる「二資料仮説」が前提されている。すなわちそれは、マタイとルカがそれぞれの福音書を編むにあたって、①マルコによる福音書と、②（マルコの知らない）イエスの語録文書（いわゆる「Q」文書）を資料としたという仮説である。その際に、マタイとルカは、上述の二資料以外にもそれぞれに独自の伝承資料をも用いている。これをわれわれは「マタイ特殊資料」「ルカ特殊資料」と呼ぶ。

このような二資料仮説を前提とすると、マタイとルカはすでにマルコによる福音書を知っており、それに適宜手を加えて、加筆したり削除したりしながら、福音書を編んだことになる。したがって、マルコによる福音書の本文に対してそのような編集の手が加えられた句（これを「編集句」と呼ぶ）の中に、マタイやルカに固有な思想が盛られていることになる。その結果、最初の三つの福音書における――本書の叙述対象で言えば――ユダ像に差異が生じてくる。そして、その差異を明確に読み取るために、福音書の本文を共に比べて観ることのできる「福音書共観表」が役に立つ。本書には巻頭に「ユダの共観表」が掲げられているので、特に第二章以下の叙述は、これを見ながら行文を追っていただくとわかり易いであろう。

ただし、ヨハネによる福音書には前述のマルコ、マタイ、ルカ福音書（いわゆる「共観福音書」）にみられるような相互関係はない。もっとも、例外的に共観福音書と並行している箇所はあるので、その限りにおいて共観表にヨハネ本文も併記されている。

なお、この共観表は、佐藤研編訳『福音書共観表』（岩波書店、二〇〇五年）を基に作製されたものである。

追記（講談社学術文庫版刊行にあたって）

その後、『ユダの福音書』全私訳が『ナグ・ハマディ文書　チャコス文書　グノーシスの変容』（荒井献・大貫隆編訳、岩波書店、二〇一〇年）に収録されているので、参照されたい。

二〇一五年九月

筆　者

目次

イエスとの再会

図像構成　石原綱成

図1　フラ・アンジェリコ派，冥府への降下，フレスコ壁画，1437年から1445年の間，サン・マルコ修道院，フィレンツェ。この図像においてアベルとされる男の顔は，ユダの像と酷似している。旧約のカインは新約ではユダに重ねられることから，アベルとユダとの関連性は皆無とは言い切れない。

図2　写本挿絵，弟子に現れるイエス，1200年頃，インゲボルグ詩篇，コンデ美術館。マリヤの伝言を聞く弟子の数は12である。ユダの風貌をした弟子は，一人だけ黒い髪で，鬚をはやし，群像の中でうつむいている。ユダは生きているのであろうか。

図3　写本挿絵，弟子に現れるイエス，1039年，ノナントラ写本，アンジェリカ図書館，ローマ。イエスの言葉（ロゴス）が光となって弟子たちに注がれる。弟子たちの数は12。しかし，この図像を見る限り，名前の特定はできず，12という象徴的な数に従ったということかもしれない。

図4　石浮彫り，トマスの不信，1085-1100年，サント・ドミンゴ・デ・シロス修道院。ニンブスにSANCTVS JVDASと刻まれていることから，最上段の向かって左から2人目の人物がユダである。このことから，トマスの不信の場面にユダが居合わせたことになる。イエスを売り渡したユダに付けられたSANCTVS（聖）の文字は何を意味するのであろうか。

旧約・新約聖書 諸文書略号表

I 旧約聖書

創	創世記
出	出エジプト記
レビ	レビ記
民	民数記
申	申命記
ヨシ	ヨシュア記
士	士師記
サム上	サムエル記上
サム下	サムエル記下
王上	列王記上
王下	列王記下
イザ	イザヤ書
エレ	エレミヤ書
エゼ	エゼキエル書
ホセ	ホセア書
ヨエ	ヨエル書
アモ	アモス書
オバ	オバデヤ書
ヨナ	ヨナ書
ミカ	ミカ書
ナホ	ナホム書
ハバ	ハバクク書
ゼファ	ゼファニヤ書
ハガ	ハガイ書
ゼカ	ゼカリヤ書
マラ	マラキ書
詩	詩篇
ヨブ	ヨブ記
箴	箴言
ルツ	ルツ記
雅	雅歌
コヘ	コーヘレト書
哀	哀歌
エス	エステル記
ダニ	ダニエル書
エズ	エズラ記
ネヘ	ネヘミヤ記
代上	歴代誌上
代下	歴代誌下

II 新約聖書

マコ	マルコ福音書	マルコによる福音書
マタ	マタイ福音書	マタイによる福音書
ルカ	ルカ福音書	ルカによる福音書
ヨハ	ヨハネ福音書	ヨハネによる福音書
使		使徒行伝
Iテサ	Iテサロニケ書	テサロニケ人への第一

Ⅰコリ	Ⅰコリント書	コリント人への第一の手紙
Ⅱコリ	Ⅱコリント書	コリント人への第二の手紙
ガラ	ガラテヤ書	ガラテヤ人への手紙
フィリ	フィリピ書	フィリピ人への手紙
フィレ	フィレモン書	フィレモンへの手紙
ロマ	ロマ書	ローマ人への手紙
コロ	コロサイ書	コロサイ人への手紙
エフェ	エフェソ書	エフェソ人への手紙
Ⅱテサ	Ⅱテサロニケ書	テサロニケ人への第二の手紙
Ⅰテモ	Ⅰテモテ書	テモテへの第一の手紙
Ⅱテモ	Ⅱテモテ書	テモテへの第二の手紙
テト	テトス書	テトスへの手紙
ヘブ	ヘブル書	ヘブル人への手紙
ヤコ	ヤコブ書	ヤコブの手紙
Ⅰヨハ	Ⅰヨハネ書	ヨハネの第一の手紙
Ⅱヨハ	Ⅱヨハネ書	ヨハネの第二の手紙
Ⅲヨハ	Ⅲヨハネ書	ヨハネの第三の手紙
Ⅰペト	Ⅰペトロ書	ペトロの第一の手紙
ユダ	ユダ書	ユダの手紙
Ⅱペト	Ⅱペトロ書	ペトロの第二の手紙
黙	黙示録	ヨハネの黙示録

凡　例（聖書関係）

一、新約聖書の翻訳のギリシア語定本は、ネストレ－アーラント校訂本二七版（一九九三年）(Nestle-Aland, Novum Testamentum Graece, Stuttgart 1993[27]）である。

二、本文中の［　］は、定本の校訂者自身が元来の本文に存在したか否か、判断を保留している箇所である。

三、原文にはないが、邦訳上必然となるような敷衍部分は——ごく常套的で瑣末な例は除いて——すべて〔　〕に入れて、それが訳者の責任における挿入部分であることを明示した。この〔　〕と、上記二の［　］との明確な性格の差に留意されたい。

四、旧約聖書の引用部分は、太明朝体で示してある。それは定本におけるイタリック部分と多くの場合並行するが、訳者の判断で範囲の設定が様々に異なる場合もある。但し、これは別に注記しない。

五、段落の取り方は、大部分定本にならっているが、若干異なる場合がある。

六、小見出しは、理解のための便宜手段であり、原文には存在しない。小見出しの文面およびその範囲は、B. Aland et al. (eds.), The Greek New Testament, Stuttgart 1993[4]（なおこの本文は、句読点の位置、段落の取り方におけるいくつかの相違を除けば、定本のそれと同一）、あるいは「新共同訳」のそれを参照しているが、最終的にはおのおのの訳者の作である。

七、旧約聖書のギリシア語訳（七十人訳）には略語 LXX を用いた。

凡　例（『ユダの福音書』関係）

『ユダの福音書』の翻訳本文中に用いた記号の意味は以下の通りである。

（　）＝写本原本のページ数（例──（34））。

［　］＝写本のインクが消えたり、パピルスが失われたりしてできた不明部分のうち、訳者が推定復元した読み（例──［イエスは］）。

［…］＝一部しか判読できなかった単語の不明部分。

［──○行欠落──］＝一行以上に及んだ不明部分の、失われたと思われる行数。

〈　〉＝原文の誤りを正した部分。

ユダとは誰か

原始キリスト教と『ユダの福音書』の中のユダ

ユダの共観表

十二人の選び

マタイ　一〇1―4

五1a そこで〔彼は、〕群衆を見ると山にのぼった。

……

一〇1 そして〔彼は〕、
彼の十二人の弟子たちを
呼び寄せ、

彼らに

穢れた霊ども〔に対する〕
権能を与えた。そのものどもを追い
出し、すべての病とすべての患いを
治《なお》す〔ことができるようになる〕ため

マルコ　三13―19

三13 また〔彼は〕山にのぼり、自分でこれぞと思う者たちを呼び寄せる。すると〔彼らは〕彼のもとにやって来た。
14 そして〔彼は〕
十二人を立て
〔、その彼らを
遣わされた者とも名付け〕た。
それは〔彼らが〕彼と共にいるためであり、
また彼らを遣わすためであった。
〔彼らが遣わされるのは、〕
宣教し、
15 悪霊どもを追い出す権能を持つためであった。

ルカ　六12―16

六12 さてその頃、〔彼は、〕祈るために出て山へ行くということが生じた。そして神〔へ〕の祈りの中で夜を徹していた。
13 そして朝になった時、
彼の弟子たちを呼び寄せ、その中から十二人を選び出し、その彼らを使徒とも名付けた。

である。

2 十二人の遣わされた者たちの名前
は次のようである。
最初にペトロと言われるシモン、
またその兄弟のアンドレアス、そし
てゼベダイの〔子〕ヤコブとその兄弟
のヨハネ、

3 フィリッポスと
バルトロマイオス、
トマスと
徴税人のマタイ、
アルファイオスの〔子〕

〔ヨハネ一42b〕
一 42b イエスは彼に目を注いで言った、「あなたはヨハネの子シモンだ。
あなたはケファ（訳すればペトロ）と呼ばれるようになる」。

16 〔そして〔彼は〕
かの十二人を立てた。〕
そして〔彼は、〕
シモンに「ペトロ」という
名を付け、
17 またゼベダイの子ヤコブとヤコブ
の兄弟ヨハネ〔を立て〕、彼らには
「ボアネルゲス」、
すなわち「雷の子ら」という
名を付けた。
18 またアンドレアス、
そしてフィリッポス、
そしてバルトロマイオス、
そしてマタイ、
そしてトマス、
そしてアルファイオスの〔子〕

---

14 〔彼らは、彼が〕
ペトロとも名付けた
シモン、
またその兄弟の
アンドレアス、
そしてヤコブ、
そしてヨハネ、
そしてフィリッポス、
そしてバルトロマイオ
ス、
15 そしてマタイ、
そしてトマス、
そしてアルファイオス

〔使徒行伝一13〕
一 13 彼らは
……ペトロ
と
ヨハネと
ヤコブと
アンドレア
ス、
フィリッポ
スと
トマス、
バルトロマ

ヤコブと
タダイオス、
4「熱心者」のシモンと
イスカリオテのユダ、
彼はまた、
彼を引き渡す者でもある。

ヤコブ、
そしてタダイオス、
そして「熱心者」のシモン、
19そして
イスカリオトのユダ〔を立てた〕。
この彼はまた、
彼を引き渡したのでもある。

の〔子〕ヤコブ、
そして熱心党員《ゼーローテース》と呼ば
れていたシモン、
16そして
ヤコブの〔子〕ユダ、
そして
イスカリオトのユダ
〔である〕。
この彼は、
売り渡す者になった。

イオスとマ
タイ、
アルファイ
オスの〔子〕
ヤコブと
熱心党員《ゼーローテース》の
シモンと
ヤコブの
〔子〕ユダと
であった。

塗油

マタイ　二六6―13

二六6ところで、
イエスがベタニアでらい病人シモン*
の家にいた時、

マルコ　一四3―9

一四3さて、
彼がベタニアでらい病人シモン*の家
にいた時、

＊　ルカ七40参照。

ルカ　七36―50

七36さて、ファリサイ人たちのある
者が、自分と共に食事をしてくれる
ようにと、彼に頼んだ。
そこで〔彼は〕、そのファリサイ人の
家に入り、〔食事の座に〕横たわって

7高価な
香油の入った石膏の壺を持った
〔一人の〕女が彼に近寄って来た。
そして、
〔食事の席で〕横になっている
彼の頭《こうべ》の上に
〔香油を〕注ぐのであった。

8しかし弟子たちは

〔食事の座に〕横になっていると、
きわめて高い値の、純正のナルド
香油の入った石膏の壺を持った
〔一人の〕女がやって来た。
〔そして、〕その石膏の壺を砕き、
彼の頭《こうべ》に
〔香油を〕注ぐのであった。

4すると幾人かの者が

いた。
37すると見よ、
その町で罪人であった
〔一人の〕女が、〔彼が〕そのファリサ
イ人の家で〔食事の座に〕横になって
いると知り、
香油の〔入った〕石膏の壺を
持って来て、
38後方から彼の足もとに進み出、泣
きながら、涙で彼の両足を濡らし始
め、自分の髪の毛で〔それをいくど
も〕拭き、さらには彼の両足に接吻
し続け、また〔繰り返し〕香油を塗っ
た。

39しかし彼を招待した

〔ヨハネ一二1―3〕
一二1さて、過越祭の六日前、イエスはベタニアに来た。イエスが死人の中から起こしたラザロのいたところで
ある。2ここで〔人々は〕彼のために食事〔の席〕を設けた。マルタが給仕し、ラザロは彼と共に〔席で〕横になっ
ている人々の一人であった。3さて、マリヤムが純粋で高価なナルド香油一リトラを取ってイエスの足に注ぎ、
自分の髪でその足を拭った。家は香油の香りで満たされた。

〔これを〕見て
〔激しく〕怒って言った、
「何のためにこのように
無駄遣い〔をするのだ〕。
9 これを
高く
売って、乞食たちに与えてやること
もできたのに」。
10 しかしイエスは
〔これを〕知って、彼らに言った、
「なぜこの女性を困らせるのか。
実は、私に対して
良いことをなしてくれたのだ。
11 そもそも、乞食たちは
いつもあなたたちと共にいる。
しかし私は、いつまでも〔あなたた

お互いの間で
〔激しく〕怒った、
「何のために香油をこのように
無駄遣いしたのか。
5 この香油は
三百デナリオン*以上の値段で
売って、乞食たちに与えてやること
もできたというのに」。
そして彼らは、彼女に対して激しく
息巻くのであった。
6 しかしイエスは　言った、
「この女《ひと》をそのままにさせておくの
だ。なぜこの女を困らせるのか。
私に
良いことをなしてくれたのだ。
7 そもそも、乞食たちは
いつもあなたたちと共におり、
〔あなたたちは〕いつでも望む時に彼
らに尽くしてやることができる。
しかし私は、いつまでも〔あなたた

* ルカ七41参照。

例のファリサイ人は〔これを〕見て、
自分の中で言った、
「万が一にもこの人が預言者であっ
たなら、
自分に触っているこの女が誰で、
どんな類の女か知り得たろうに。
〔この女は〕罪人なのだ」。
40 するとイエスは答えて、
彼に対して言った、

ちの〕もとにいるわけではない。
12つまり、この女《ひと》は自ら、
　私の体のおもてにこの香油を
かけてくれたが、それは私を埋葬す
るためだったのだ。
13アーメン、
〔私は〕あなたたちに言う、
世界中において
この福音が宣べ伝えられる
ところはどこでも、この女《ひと》自身の
行なったこともまた、その記念とし
て語られるだろう」。

ちの〕もとにいるわけではない。
8この女《ひと》は、自分にできることをし
〔てくれ〕たのだ。
〔つまり、〕埋葬に向けて、前もって
私の体に香油を塗ってくれたのだ。
9そこで、
アーメン、
〔私は〕あなたたちに言う、
世界中で
福音が宣べ伝えられる
ところはどこでも、この女《ひと》自身の
行なったこともまた、その記念とし
て語られるだろう」。

〔ヨハネ一二4-8〕
一二4彼の弟子たちの〔うちの〕一人、後でイエスを引き渡すことになる、
イスカリオテのユダが言う、5「なぜ、この香油は三百デナリオンで売
られ、乞食たちに与えられなかったのか」。6彼がこう言ったのは貧し
い人たちのことを心にかけていたからではなく、盗人であり、金庫番で
ありながら、その中身をくすねていたからである。7ところが、イエス
は言った、「この女《ひと》をそのままにさせておくのだ。私の葬りの日のため

＊　マタイ二六6／マルコ一四3参照。

「シモン＊よ、あなたに言いたいこと
がある」。
するとシモンは言う、「先生、仰言《おっしゃ》
って下さい」。
41「ある金貸し人に、二人の債務者
があった。
＊＊　マルコ一四5参照。
一人は五百デナリオン＊＊、もう一人は
五十デナリオン借りていた。

にそれを取っておいたことになるためだ。8そもそもあなたたちと共に
いつも乞食たちはいるが、私はいつもいるわけではない」。

42彼らが返済できないので、金貸し
人は二人とも帳消しにしてやった。
そこで、彼らのうちどちらが、彼を
より愛するだろうか」。
43シモンは答えて言った、
「思うに、より多く帳消しにしても
らった方でしょう」。
するとイエスは彼に言った、
「あなたの判断は正しい」。
44そこで〔彼は〕、例の女の方を振り
返り、シモンに言った、「〔あなたに
は〕この女性が目に入るか。〔私は〕
あなたの家に入って来たが、〔あな
たは〕両足にかける水を私にくれな
かった。しかしこの女《ひと》は、涙で私の
両足を濡らしてくれ、その髪の毛で
拭いてくれた。
45〔あなたは〕私に接吻してくれなか
った。しかしこの女《ひと》は、〔私が〕入
って来た時から私の両足に接吻する
のを止めようとしない。

ルカ七50の並行句に関しては、マルコ五34を参照。

46〔あなたは〕私の頭をオリーブ油で
拭いてはくれなかった。しかしこの
女《ひと》は、香油で私の両足を拭いてくれ
た。
47このために、〔私は〕あなたに言う、
この女《ひと》の罪は、〔たとえ〕多く〔とも〕
赦されている。〔それは、〕この女《ひと》が
多く愛したことから〔わかる〕。少し
しか赦されない者は、少ししか愛さ
ないものだ」。
48そこで〔彼は〕彼女に言った、「あ
なたの罪は赦されている」。
49すると、一緒に〔食事の席で〕横に
なっていた者たちが自分たちの中で
言い始めた、「罪すらをも赦すとは、
この者はいったい誰だろう」。
50すると〔彼は〕その女に対して言っ
た、
「あなたの信〔頼〕が〔今〕あなたを救
ったのです。安らかに歩んで行きな
さい」。

ユダの裏切り

マタイ　二六14-16

二六 14そののち、
十二人の一人で、イスカリオテの
ユダと呼ばれていた者が、
祭司長たちのところへ行き、
15言った、「〔あなたたちは〕私に何
を与えてくれるか。この私は、あな
たたちに彼を引き渡そうと思うの
だ」。
そこで彼らは、
彼に銀〔貨〕三十枚を支払った。
16そして〔彼は〕、その時より、
イエスを引き渡すための
良い機会をねらっていた。

マルコ　一四10-11

一四 10さて、
十二人の一人、イスカリオトの
ユダは、
祭司長たちのところへ出かけて行っ
た。
彼らに彼を引き渡すためである。
11そこで彼らは〔これを〕聞いて喜
び、彼に銀〔貨〕を与えることを約束
した。
そして〔彼は〕、
どのようにしたら
イエスを首尾よく引き渡せるか、

ルカ　二二3-6

二二 3ところで、サタンは、
イスカリオトと言われ、十二人の数
に入っていたユダの中にすでに入り
込んでいた。
4そこで〔彼は〕
出かけて行って、祭司長たちや神殿
守護長官たちと話し合い、
どのようにしてか
彼を彼らに引き渡す方法を〔協議し
た〕。
5また、〔彼らは〕喜び、彼に銀〔貨〕
を与えることで一致した。
6そこで〔彼は〕同意し、
群衆のいない時に
イエスを首尾よく彼らに引き渡す

（マルコ）その機会をねらっていた。

（ルカ）良い機会をねらっていた。

〔ヨハネ一三27、六71、一三2〕
一三27パン切れ〔を受け取って〕後、その時、サタンがこの者の中に入った。
六71つまり彼はイスカリオテのシモンの子ユダのことを言っていたのである。この者は〔例の〕十二人の一人であり……
一三2悪魔はすでにイスカリオテのシモンの子ユダの心に彼を引き渡そう〔という考えを〕吹き込んでいたのであったが……

或る弟子の裏切りを予告

マタイ　二六21-25

二六21そして彼らが
食べている時、〔彼は〕言った、
「アーメン、
〔私は〕あなたたちに言う、あなたた
ちの一人　　　が、
私を引き渡すだろう」。

マルコ　一四18-21

一四18そして彼らが〔食事の席で〕横に
なって
食べている時、イエスは言った、
「アーメン、
〔私は〕あなたたちに言う、あなたた
ちの一人で、
私と一緒に食事をしている者が、
私を引き渡すだろう」。

ルカ　二二21-23

22するとは〔彼らは〕、
はなはだしく悲しみ、
一人一人彼に言い始めた、*
「主よ、まさか、この私では
ないでしょうね」。
23そこで彼は答えて言った、
「私と共に鉢の中に〔食物を持った〕
手を浸す者、
その者が私を引き渡すだろう。
24たしかに《人の子》は
彼について書いてある通り、
去って行く。
しかし禍いだ、
《人の子》を引き渡すその人は。
その人にとっては、
生まれて来なかった方が
ましだったろうに」。

19〔彼らは〕
悲しみ始め、*
一人ずつ彼に言い〔始めた〕、
「まさか、この私では」。

* ルカ二二23参照。

20そこで彼は彼らに言った、「十二
人の一人で、
私と共に鉢の中に〔自分の食物を手
で〕浸す者〔がそれだ〕。
21というのも、
たしかに《人の子》は
彼について書いてある通り、
去って行く。
しかし禍いだ、
《人の子》を引き渡すその人は。
その人にとっては、
生まれて来なかった方が
ましだったろうに」。

二二21しかしながら、見よ、
私を引き渡す者の手が、
私と共に卓上にある。
22というのも、
たしかに《人の子》は
定められている通り、
〔死に〕赴《おもむ》く。
しかしながら、禍いだ、
〔彼を〕引き渡すその人は」。
23すると彼らの方は、
彼らの間でこのようなことをなそう

25そこで、彼を引き渡す者、
ユダが応《こた》えて言った、
「ラビよ、まさか、この私ではないでしょうね」。
〔彼は〕彼に言う、
「〔それは〕あなたの言ったことだ」。

〔ヨハネ一三21-24、26-27、30〕
一三21これらのことを話してから、イエスは霊がかき乱され、証しして言った、「アーメン、アーメン、あなた
たちに言う。あなたたちのうちの一人が、私を引き渡そうとしている」。22弟子たちは、いったい誰のことを
言っているのか当惑して、互いに顔を見合わすばかりであった。23彼の弟子たちのうちの一人が、イエスのす
ぐそばで横になっていた。それは、イエスが愛していた弟子であった。24するとシモン・ペトロが、〔イエス
の〕言っているのが、いったい誰であるのか、問いただすようにと、この者に合図した。……
一三26イエスが答える、「私がパン切れを浸して、与えることになる人がそれだ」。さて、パン切れを浸した後
〔取って〕、イスカリオテのシモンの子ユダに与える。27パン切れ〔を受け取って〕後、その時、サタンがこの者
の中に入った。……　一三30さてこの者はパン切れを受け取ると、ただちに出て行った。夜であった。

としているのは誰か、
お互いに論議し始めた。*

** マタイ二六22／マルコ一四19参照。

最後の晩餐

マタイ　二六26-29

〔ヨハネ六51-58〕
六51私は、天から降って来た活けるパンである。人がこのパンを食べる
なら、永遠に生きることとなる。私が〔将来〕与えることになるパンは、
世の命のための私の肉である」。……　六53そこでイエスは彼らに言った、
「アーメン、アーメン、あなたたちに言う。人の子の肉を食べ、その血
を飲まないなら、あなたたちは自分のうちに命を持っていない。54私の
肉を食し、私の血を飲んでいる人は永遠の命を持っており、私は彼を終
わりの日に甦らせることになる。55私の肉は真実の食べ物であり、私の
血は真実の飲み物だからだ。56私の肉を食し、私の血を飲んでいる人は、
私のうちに留まり、私も彼のうちに〔留まっている〕。57生きている父が
私を遣わし、私が父のゆえに生きているように、私を食している人も私
のゆえに生きることとなる。58これは天から降って来たパンである。父
祖たちが食べて死んだようにではなく、このパンを食している人は永遠
に生きることとなる」。

マルコ　一四22-25

ルカ　二二15-20

二二15すると〔彼は〕彼らに対して言っ
た、「〔私は〕自分が苦しむ前に、こ
の過越〔の食事〕をあなたたちとする
ことを願いに願っていた。
16たしかに、〔私は〕あなたたちに言
う、〔私は〕この〔食事を再び〕とるこ
とはない、神の王国で〔過越が〕満た
されるまでは*」。

＊　ルカ二二16、18に関しては、下記マタイ二六29／マルコ一四25参照。

17そして杯を取って感謝し、言った、
「これを取れ。そしてあなたたちの
間で分かち合うのだ。
18たしかに、〔私は〕あなたたちに言

二六26さて、
彼らが食べている時に、イエスは
パンをとり、そして〔神を〕祝して
〔それを〕裂いた。
そして弟子たちに与えながら言った、
「取れ、食べよ、これは
私の身《からだ》である」。

27また、杯をとり、そして

一四22そして
彼らが食べている時に、〔彼は〕
パンをとり、〔神を〕祝して
〔それを〕裂いた。
そして彼らに与え、言った、
「取れ、　これは
私の身《からだ》である」。

23また、杯をとり、

う、〔私は〕今後、葡萄の木からでき
たものを飲むことはない、
神の王国が来るまでは」。*
19そして
パンをとり、感謝して〔それを〕
裂いた。
そして彼らに与え、言った、
「これは
あなたたちのために与えられる、
私の身《からだ》である。
私を想い起こすために
このことを行なうがよい」。

20また、かの杯についても同じよう

〔Iコリ一一23-25〕
一一23事実、私は〔以下のことを〕主から受け継いだのであり、それをあなたたちにもまた伝えたのである。すな
わち、主イエスは、彼が引き渡された夜、パンを取り、24そして感謝して〔それを〕裂き、そして言った、「こ
れは、あなたたちのための私の身《からだ》である。私を想い起こすために、このことを行なうがよい」。25同様に杯を
も、食事のあとで〔取り〕、言った、「この杯は私の血における新しい契約である。あなたたちは飲むたびに、
私を想い起こすために、このことを行なうがよい」。

感謝して彼らに与えて言った、
「皆、そこから飲め。
28 なぜならば、
これは契約の〔ための〕
私の血であり、
多くの人のため、
〔さまざまな〕罪の赦しとなるように、
流されるものだからだ。
29 また、
〔私は〕あなたたちに言う、
〔私は〕今から後、
この葡萄の木からできたものを
飲むことはない、
私の父の王国において
それを新たにあなたたちと共に飲む、
かの日までは」。

感謝して彼らに与えた。そして
皆、そこから飲んだ。
24 すると彼は彼らに言った、
「これは契約の〔ための〕
私の血であり、
多くの人のゆえに
流されるものだ。
25 アーメン、
〔私は〕あなたたちに言う、
〔私は〕もはや
葡萄の木からできたものを
飲むことはない、
神の王国において
それを新たに　飲む、
かの日までは」。

に食事の後で言った、
「この杯は、新しい契約である。
〔それは〕あなたたちのゆえに
流される私の血における
〔契約である〕。
………
二二 18 たしかに、
〔私は〕あなたたちに言う、
〔私は〕今後、
葡萄の木よりできたものを
飲むことはない、
神の王国が来る
までは」。
………
二二 16 たしかに、
〔私は〕あなたたちに言う、

〔私は〕この〔食事を再び〕とることはない、神の王国で〔過越が〕満たされるまでは」。

躓き予告

マタイ　二六30－35

二六 30 そこで
〔彼らは〕賛美歌を歌って、
オリーブ山へと出て行った。
31 そのとき、イエスは彼らに言う、
「あなたたち全員が、今夜私に
躓くことになるだろう。
というのも、〔こう〕書いてあるから
だ、
『〔私は〕羊飼いを打つだろう、
そうすると羊らの群は、
ちりぢりにされてしまうだろう』。

マルコ　一四26－31

一四 26 そこで
〔彼らは〕賛美歌を歌って、
オリーブ山へと出て行った。
27 するとイエスは彼らに言う、
「〔あなたたちは〕全員が
躓くことになるだろう。
なぜならば、〔こう〕書いてあるため
だ、
『〔私は〕羊飼いを打つだろう、
そうすると羊ら　は、
ちりぢりにされてしまうだろう』。

ルカ　二二31－34

二二 39 さて
〔彼は〕出て行って、習わしに従い、
オリーブ山へ赴いた。
すると、弟子たちも彼に従った。
………

32だが、〔私は〕
自分が起こされた後《のち》、
あなたたちより先に
ガリラヤへ行くだろう」。

33しかしペトロが答えて
彼に言った、
「皆の者があなたに躓いたとしても、
この私は決して躓きません」。

28しかし〔私は〕
自分が起こされた後《のち》、
あなたたちより先に
ガリラヤへ行くだろう」。

29しかしペトロが
彼に言った、
「たとえ
皆の者が　躓いたとしても、
この私は　〔躓き〕ません」。

31シモンよ、シモンよ、
見よ、
サタンは〔あなたたちを〕穀物のよう
に篩《ふるい》にかけるために、
〔神に〕あなたたちの引き渡しを願い
出た。
32しかしこの私は、
あなたの信〔頼〕が失せぬよう、
あなたのために祈願した。
あなたも、立ち帰ったあかつきには、
あなたの兄弟たちを強めてやりなさ
い」。
33しかし彼は
イエスに言った、
「主よ、あなた様と共になら、
〔私は〕獄にも、死にも就く覚悟がご
ざいます」。

34イエスは彼に言った、
「アーメン、〔私は〕あなたに言う、
〔あなたは〕　今夜、
鶏が　啼《な》く前に、
三度私を否むだろう」。
35ペトロは彼に言う、
「たとえもし私があなたと一緒に
死なねばならないとしても、
決してあなたを否んだりは
致しません」。
弟子たちは皆、
同じように言った。

30そこでイエスは彼に言う、
「アーメン、〔私は〕あなたに言う、
〔あなたは〕今日、今夜、
鶏が二度啼《な》く前に、
三度私を否むだろう」。
31彼はしかし、
ひどく力んで語り続けた、
「もし私があなたと共に
死なねばならないとしても、
決してあなたを否んだりは
致しません」。
〔ほかの者たちも〕皆、
そのように言うのであった。

34すると彼は言った、
「〔私は〕あなたに言う、
ペトロよ、今日、
〔あなたが〕私を知っていることを三
度否むまでは、
鶏が啼《な》くことはないだろう」。

〔ヨハネ一八1、一六32〕
一八1これらのことを言ってから、イエスは弟子たちと一緒にケドロンの谷の向こうへ出て行った。そこには園があって、彼は弟子たちと共にそこに入って行った。
一六32あなたたちが各自、自分のところへと散らされ、私を一人置き去りにするような時が来ようとしている。いや、来てしまっている。だが、私は一人きりではない。父が私と共におられるからだ。

［ヨハネ一三36−38、一一16］
一三36シモン・ペトロが彼に言う、「主よ、どこへ往かれるのですか」。イエスが〔彼に〕答えた、「私の往こうと
しているところに、あなたは私に今はついて来ることができないが、後でついて来ることになる」。37ペトロ
が彼に言う、「主よ、なぜ今あなたについて行くことができないのですか。あなたのためには自分のいのちも
棄てるつもりです」。38イエスが答える、「私のために自分のいのちを棄ててくれるというのか。アーメン、ア
ーメン、あなたに言う。あなたが三度私のことを否むまでは、鶏は決して啼かないだろう」。
一一16すると、ディデュモスと呼ばれるトマスが仲間の弟子たちに言った、「俺たちも行こう。彼と一緒に死ぬ
ために」。

ゲッセマネ

マタイ　二六36−46

二六30そこで〔彼らは〕賛美歌を
歌って、オリーブ山へと出て行った。
………
36その後《のち》イエスは、彼らと共に
ゲッセマネと言われている場所に
やって来る。
そして〔彼は〕弟子たちに言う、

マルコ　一四32−42

一四26そこで〔彼らは〕賛美歌を
歌って、オリーブ山へと出て行った。
………
32さて〔彼らは〕、
ゲッセマネという名の場所に
やって来る。
そして〔彼は〕その弟子たちに言う、

ルカ　二二39−46

二二39　さて〔彼は〕出て行って、習わ
しに従い、オリーブ山へ赴いた。す
ると、弟子たちも彼に従った。
40そこでその場所に至ると、
〔彼は〕彼らに言った、

「〔私が〕向こうに行って祈っている
間、このところに座っていなさい」。
37そして〔彼は〕、ペトロと
ゼベダイの二人の子を
連れて行くと、
悲しみ
悩み始めた。
38そのとき
〔彼は〕彼らに言う、
「私の魂は死ぬほどに悲しい。
ここに留まって、私と共に
目を覚ましていなさい」。
39そして少し先に行って
顔を〔大地につけて〕ひれ伏し、
祈って
言った、
「私の父よ、
もしできることなら

「〔私が〕　祈っている間、
ここに座っていなさい」。
33そして〔彼は〕、ペトロと
ヤコブとヨハネとを自分と共に
連れて行く。
すると〔彼は〕、ひどく肝をつぶして
悩み始めた。
34そして
彼らに言う、
「私の魂は死ぬほどに悲しい。
ここに留まって、
目を覚ましていなさい」。
35そして少し先に行って
大地にひれ伏し、
もしできることなら
この時が彼から去って行くようにと、
祈り始めた。
36そして言うのであった、
「アバ、お父さん、
あなたには何でもおできになります。

「試みに陥らぬよう、
祈っていなさい」。

〔ヨハネ一二27〕
一二27今、私の魂はかき乱されてい
る。何を言おうか。『父よ、私を
この時から救い出して下さい』〔と
言おう〕か。だが、このために、
この時のために私は来たのだ。

41そして彼自身は、石を投げれば届
くほど彼らから離れて行った。そし
て跪《ひざまず》いて
祈り始め、
42言った、
「父よ、
もしお望みならば、

この杯が私から去って行きますように。
しかしながら、
私の望むようにではなく、
あなたの〔望まれる〕ように」。

40そして
弟子たちのところへ
〔戻って〕来る。
すると、彼らが眠っているのを
見つける。
そこでペトロに言う、
「〔あなたたちは〕このように、

この杯を私から
取り除いて下さい。
しかし、
私の望むことではなく、
あなたの〔望まれる〕ことを」。

〔ヨハネ一八11〕
一八11すると、イエスはペトロに言った、「剣を鞘《さや》にしまいなさい。父が私に与えて下さっているこの杯は、それを飲まずにすませられようか」。

37そして
〔戻って〕来る。
すると、彼らが眠っているのを
見つける。
そこでペトロに言う、
「シモンよ、
眠っているのか。
〔あなたは〕

この杯を私から
取り除いて下さい。
しかしながら、
私の意思《おもい》ではなく、
あなたの〔意思《おもい》〕が成りますように」。
【二二43すると、天から一人の御使いが彼に現れ、彼を力づけ出した。
44そこで〔彼は〕死にもの狂いになり、いっそう熱烈に祈った。すると彼の汗は、地に落ちる血の塊《かたまり》のごとくなった。】
45そして祈りから
起き上がり、
弟子たちのところへ
〔戻って〕来ると、
彼らが悲しみのあまり眠り込んで
しまっているのを見いだした。
46そこで彼らに言った、
「なぜ〔あなたたちは〕
眠っているのか。

ひと時も私と共に
目を覚ましてはいられないのか。
41目を覚ましておれ、
そして祈っておれ。
試みに陥ってしまわないためだ。
霊ははやっても、肉が弱いのだ」。
42再び、二度目に行って、

祈って言った、
「私の父よ、もし〔私が〕これを飲まなければ、それが去って行くことはありえないのであれば、あなたの意思《おもい》が成りますように」。
43そしてやって来ると、
彼らが　再び　眠っているのを
見つけた。
彼らの眼は重く垂れていた
のである。

ひと時も
目を覚ましてはいられないのか。
38〔あなたたちは〕
目を覚ましておれ、
そして祈っておれ。
試みに陥らないためだ。
霊ははやっても、肉が弱いのだ」。
39そして再び　行って、*
同じ言葉を言いながら
祈った。

＊　マタイ二六44参照。

40そして　再び　やって来ると、
彼らが眠っているのを
見つけた。
彼らの眼は重く垂れ下がっていた
のである。
そして〔彼らは〕、何と彼に答えたらよいか、わからなかった。

起き上がって
祈っておれ。
試みに陥ってしまわないためだ」。

44そこで〔彼は〕、
彼らを残しておいて再び行って、
重ねて同じ言葉を言いながら*
三度目に祈った。
45その後《のち》、弟子たちのところへやって来て、彼らに言う、
「なお眠っているのか、
また休んでいるのか。
見よ、時は近づいた。
そして
《人の子》は罪人らの手に渡される。
46立て、行こう。
見よ、私を引き渡す者が近づいた」。

41そこで〔彼は〕、
三度目に

* マルコ一四39参照。

やって来て、彼らに言う、
「なお眠っているのか、
また休んでいるのか。
事は決した。
時は来た。見よ、
《人の子》は罪人らの手に渡される。
42立て、行こう。
見よ、私を引き渡す者が近づいた」。

〔ヨハネ一四31b〕
一四31b立て。ここから出て行こう。

捕縛

マタイ　二六47-56

二六47そして、
彼がまだ語っているうちに、

マルコ　一四43-52

一四43そしてすぐに、
彼がまだ語っているうちに、

ルカ　二二47-53

二二47彼がまだ語っているうちに、

見よ、
十二人の一人のユダが
やって来た。
そして彼と共に、
祭司長たちと
　民の長老たちのところから
〔来た〕大勢の群衆が、
剣と棒を持って〔やって来た〕。
48彼を引き渡す者は、
〔こう〕言いながら彼らに
〔合図の〕徴《しるし》を与えた、
「〔俺が〕接吻する奴があいつだ。そ
れを捕らえよ」。

十二人の一人のユダが
現れる。
そして彼と共に、
祭司長たちと
律法学者たちと長老たちのもとから
〔来た〕群衆が、
剣と棒を持って〔現れる〕。
44彼を引き渡す者は、
〔こう〕言いながら彼らに
目印を与えていた、
「〔俺が〕接吻する奴があいつだ。
それを捕らえて、
間違いなく引っ立てて行け」。

見よ、群衆〔が現れた。〕そして
十二人の一人のユダと呼ばれている
者が、彼らを先導していた。

〔ヨハネ一八1-3〕
一八1これらのことを言ってから、イエスは弟子たちと一緒にケドロンの谷の向こうへ出て行った。そこには園があって、彼は弟子たちと共にそこに入って行った。2イエスを引き渡そうとしていたユダにも、その場所がわかっていた。イエスがたびたび弟子たちとそこで集まっていたからである。3そこでユダは一隊の兵士および祭司長たちやファリサイ派の人々から〔送られた〕下役らを引き連れ、ともし火、たいまつ、武器を携えてここにやって来る。

49そして　　　すぐさま
イエスに近寄って、言った、
「ラビ、喜びあれ」。
そして彼に接吻した。
50するとイエスは彼に言った、「友
よ、〔あなたが〕なそうとしているこ
と〔をなすがよい〕」。
そのとき〔彼らは〕近寄り、
イエスに手をかけ、彼を捕らえた。
51そこで、見よ、イエスと共にいた
者たちの

一人が、
手を伸ばして自分の剣を抜いた。
そして大祭司の僕を打ち、
その〔片〕耳を切り落とした。
52そのときイエスは彼に
言う、
「あなたの剣をもとのところに収め
よ。

45そしてやって来て、すぐに彼に
近寄って言う、
「ラビ」。
そして彼に接吻した。

46そこで〔彼らは〕
彼に手をかけ、彼を捕らえた。
47するとかたわらに立っていた者の
うち

〔誰か〕一人が、
剣を抜いて
大祭司の僕を斬りつけ、
その〔片〕耳を切り落とした。

そして
イエスに近づいた、
彼に接吻するために。
48するとイエスは彼に言った、「ユ
ダよ、〔あなたは〕接吻で《人の子》を
引き渡すのか」。

49彼のまわりにいた者たちは、起こ
らんとしていることを見て言った、
「主よ、剣で打ちましょうか」。
50そして彼らの中の
誰か一人が、

大祭司の僕を打ち、
その右耳を切り落とした。
51するとイエスは答えて
言った、
「止めよ、そこまでだ」。

『剣を取る者は皆、剣で滅びる』
からだ。
53 それとも〔私が〕自分の父に願って、
たちどころに十二軍団以上の御使い
たちを私のために備えてもらえない
とでも思うのか。
54 〔しかし〕それでは、
このように起こらねばならないと
〔書いてある〕聖書は、
どうやって満たされようか」。

そして〔その僕の〕耳に触れて、彼を
癒した。

〔ヨハネ一八4-9〕
一八4 さて、イエスは身の上に臨もうとしていることがすべてわかっていたので、出て行った。そして彼らに言
う、「誰を求めているのか」。5 彼に答えた、「ナゾラ人イエスを」。彼らに言う、「私〔なら、ここに〕いる」。彼
を引き渡そうとしていたユダも、彼らと立っていた。6 さて、彼らに「私はいる」と言うと、人々は後ずさり
して地面に倒れた。7 そこで、彼らに再び問い直した、「誰を求めているのか」。彼らが言った、「ナゾラ人イ
エスを」。8 イエスが答えた、「〔私が自ら〕私〔はそれ〕であると言った。だから、私を求めているのなら、この
人々は往かせてやりなさい」。9 〔これは〕「あなたが私に与えて下さっている人々を、そのうちの一人として
失いませんでした」と言った、あのことばが満たされるためであった。

55 その時イエスは

48 そこでイエスは応《こた》えて

52 そしてイエスは、

群衆に言った、
「〔お前たちは〕強盗にでも向かうか
のように、剣や棒を持って
この私を取り押さえに出て来たのか。
〔私は〕毎日、
神殿〔境内〕で座って教えていたが、
〔お前たちは〕私を
捕らえはしなかった。
56だがこれらすべては、
預言者たちの聖書が満たされるため
に生じたのだ――」。
そのとき、弟子たちの全員が、
彼を見棄てて逃げて行った。

彼らに言った、
「〔お前たちは〕強盗にでも向かうか
のように、剣や棒を持って
この私を取り押さえに出て来たのか。
49〔私は〕毎日、
神殿〔境内〕で　教えながら
お前たちのもとにいたが、
〔お前たちは〕私を
捕らえはしなかった。
しかし〔これも、〕
聖書が満たされるためだ――」。
50すると全員が、
彼を見棄てて逃げて行った。
51また、ある若者が亜麻布に裸の身
をくるんで、〔人々と一緒に〕彼に従
って来ていた。そこで〔人々は〕彼を
捕らえようとする。
52すると〔彼は〕、亜麻布を捨て、素

祭司長たちや神殿守護長官たちや長
老たちなど、彼に向かって
やって来た者らに対して言った、
「〔お前たちは〕強盗にでも向かうか
のように、剣や棒を持って
出て来たのか。
53私は毎日、
神殿〔境内〕で
お前たちと共にいたが、
〔お前たちは〕私に
手をかけはしなかった。
しかし
今はお前たちの時、闇の支配だ」。

っ裸のまま逃げて行った。

［ヨハネ一八10－14、20］
一八10ところが、シモン・ペトロは剣を持っていて、これを抜き、大祭司の僕に撃ってかかり、その右の耳を切
り落とした。その僕の名はマルホスであった。11すると、イエスはペトロに言った、「剣を鞘《さや》にしまいなさい。
父が私に与えて下さっているこの杯は、それを飲まずにすませられようか」。12そこで、一隊の兵士と千人隊
長、およびユダヤ人たちの〔もとにある〕下役たちはイエスを捕らえて縛り、13まずハンナスのところへ引いて
行った。その年に大祭司をしていたカヤファの義父だったからである。14カヤファは一人の人間が民のために
死ぬことは得策だと、ユダヤ人たちに提言した人物であった。
一八20イエスが彼に答えた、「私は世に対し、公然と語ってきた。私はいつもすべてのユダヤ人たちが集まる会
堂や神殿〔境内〕で教えた。ひそかに語ったことなど何もない」。

ユダの死

マタイ　二七3－10

二七3その後《のち》、彼を引き渡した者ユダは、〔彼が死刑を〕宣告されたと知り、後悔して銀貨三十枚を祭司長たちと長老たちとに返して
4言った、「〔俺は〕罪なき血を引き

マルコ

使徒行伝　一16－20

一16「兄弟たちよ、イエスを捕らえた者どもの手びきとなったユダについては、聖霊がダビデの口を通して預言した聖書の箇所が、成就しなければならなかった。

渡して、罪を犯した」。しかし彼ら
は言った、「そんなことはわれわれ
の知ったことか。お前が勝手に始末
せよ」。
5そこで〔彼は〕、銀貨を神殿に投げ
入れ、立ち去った。そして行って、
首をくくった。
6他方、祭司長たちは、その銀貨を
取って言った、「これら〔の銀貨〕を
神殿の宝物庫に入れるのは、許され
ていない。血の代価だからだ」。
7そこで〔彼らは〕協議して、それら
〔の銀貨〕で陶器師の地所を買い、外
国からの旅人用の墓地にした。
8このため、この地所は今日に至る
まで、
「血の地所」と呼ばれている。
9そのとき、預言者エレミヤを通し
て語られたことが満たされたのであ
る、すなわち、
「**そして**〔彼らは〕、**銀貨三十枚を**

17〔彼は〕私たちと共に〔使徒たちの〕
数に加えられ、この奉仕の分け前を
〔籤《くじ》で〕得ていたからだ。
18ところで、この者は不義の報酬で、
ある地所を手に入れたが、〔そこへ〕
まっさかさまに落ちて、腹が真中か
ら引き裂け、腹わたがみな流れ出て
しまった。
19そして、〔このことが〕エルサレム
の全住民に知れ渡り、そのために、
この地所が彼らの国語で『アケルダ
マ』と呼ばれるようになった。
それは、『血の地所』という意味で
ある。
20詩篇に〔次のように〕書かれている
——、
『**彼の屋敷は荒れ果てよ、**
そこに住む者はいなくなれ、

受け取った、
値踏みされた者の値を、
イスラエルの子らの幾人かが、
この者を値踏みしたのである。
10そして〔彼らは〕、それら〔の銀貨〕を陶器師の地所のために払った、
私に主が命じた通りである」。

マタイ　二八1-8

二八1さて、安息日が過ぎ去り、
週の第一の日の明ける頃、
マグダラの女マリヤと
ほかのマリヤは

女たちへの復活宣言

マルコ　一六1-8

一六1さて、安息日が終り、
マグダラのマリヤと*
ヤコブのマリヤと*
サロメは、
彼に塗油を施しに行こうとして
香料を買った。

＊ルカ二四10参照。

また、
彼の職は他の者に嗣がせるがよい』」。

ルカ　二四1-12

二四1しかし、
週の初めの日〔になるや〕、朝まだき

墓所を見るためにやって来た。
2すると見よ、大きな地震が起こっ
た。
というのも、主の御使いが天から降
って来て近寄り、
石を転がしたのであり、
そして、その上に座ったのである。

3彼の姿は稲妻のようであり、
彼の衣は雪のように白かった。

2そして週の初めの日、
朝たいへん早く、
〔彼女たちは〕墓へ行く。
日の昇る頃である。
3そこでお互いに言い交わしていた、
「誰が私たちのために、
墓の入り口からあの石を転がしてく
れるでしょう」。
4しかし目を上げて見ると、なんと
その石が〔すでに〕
転がしてあるのが見える。
というのも、〔その石は〕ひどく大き
かったのである。
5そして墓の中に入ると、
〔彼女たちは〕白い長衣をまとった一
人の若者が右側に座っているのを見、

頃、〔彼女たちは〕準備した香料を携
えて
墓へ行った。

2すると、石が墓から
転がしてあるのを見いだした。

3そして中に入ると、主イエスの体
を見つけることができなかった。
4また〔以下のようなことが〕生じた、
〔すなわち〕このことで困惑している
と、
見よ、煌《きら》めく衣服を着た二人の男が
彼女たちに立ち現れたのである。

4他方、見張りの者たちは、彼に対
する恐怖のあまり震え上がり、死人
のようになった。
5すると御使いは答えて、女たちに
言った、
「あなたたちは〔もはや〕恐れるな。
なぜならば〔私は、あなたたちが〕
十字架につけられた者、
　イエスを探している
のを知っている。
6〔彼は〕ここにはいない。
〔彼が〕言った通り、起こされたから
だ。
さあ、こちらに来て、
〔彼が〕横たわっていた場所を見よ。
7そこで急いで行って、
彼の弟子たち　に言え、
『〔彼は〕死人たちの中から起こされ
た。そして見よ、

ひどく肝をつぶした。

6すると彼は彼女たちに
言う、
「〔そのように〕肝をつぶすな。
〔あなたたちは〕
十字架につけられた者、
ナザレ人イエスを探している。
〔彼は〕起こされた、
ここにはいない。
見よ、〔ここが〕
彼の納められた場所だ。
7むしろ去って行って、
彼の弟子たちとペトロとに言え、

5そこで彼女たちは恐れにとらわれ、
地に顔を伏せると、
〔彼らは〕彼女たちに対して
言った、
「〔あなたたちは〕
なぜ、〔かの〕生ける者を死人たちの
ところで探すのか。
6〔彼は〕ここにはいない。
まさに〔彼は〕起こされたのだ。

〔彼は〕あなたたちより先に
ガリラヤに行く。
そこでこそ、〔あなたたちは〕
彼に出会うだろう』と。
見よ、〔私は〕あなたたちに
〔しかと〕告げた」。

……

二六32だが、
〔私は〕自分が起こされた後、
あなたたちより先にガリラヤへ行く
だろう」。

……

二八10そのときイエスは彼女たちに言
う、「〔もはや〕恐れるな。行け、私
の兄弟たちにガリラヤへ行くように
告げよ。そこでこそ彼らは、私に出

『〔彼は〕あなたたちより先に
ガリラヤへ行く。
そこでこそ、〔あなたたちは〕
彼に出会うだろう』と。
〔彼がかねて〕あなたたちに
語った通り〔である〕」。

……

一四28しかし
〔私は〕自分が起こされた後、
あなたたちより先にガリラヤへ行く
だろう」。

……

〔彼が〕まだガリラヤにいた時、
あなたたちに
語ったことを思い起こすがよい。
7つまり、《人の子》は罪人なる人々
の手に渡され、十字架につけられ、
三日目に甦らねばならない〔、と言
っていただろう〕」。
8そこで〔彼女たちは〕、彼の言葉を
思い起こした。

会うだろう」。
……
二八8そこで、〔彼女たちは〕急いで
墓から離れるや、
恐れと大きな喜びとをもって、
彼の弟子たちに告げ知らせるために
走っ〔て行っ〕た。

一六8しかし、〔彼女たちは〕
外に出るや、
墓から逃げ出して
しまった。
震え上がり、正気を失ってしまった
からである。そして、誰にもひとこ
とも言わなかった。
恐ろしかったからである。

＊　マルコ一六1参照。

9そして〔彼女たちは〕、
墓から引き返して、
これらすべてのことを十一人および
その他の全員に告げた。
10さて、〔その彼女たちとは〕マグダ
ラの女マリヤと、ヨハンナと、ヤコ
ブのマリヤと、＊彼女たちと一緒にい
た他の女たちであった。
〔彼女たちは〕使徒たちにこれらのこ
とを話した
11しかし、彼らにはそれらの言葉は
たわごとのように思われた。
そこで〔彼らは〕、彼女たちを信じな
かった。
12しかしペトロは、立ち上がって墓
に走って行った。そして前屈みにな
ると、亜麻布だけが見える。

そこで、起こったことに驚きながら、
自分の〔所〕へ戻って行った。

［ヨハネ二〇1-10］
二〇1週の初めの日のこと、マグダラのマリヤが早朝、まだ闇であるうちに墓へやって来る。そして、あの石が
墓から取り除かれているのを目にする。2そこで、走って、シモン・ペトロともう一人の、イエスがほれこん
でいたあの弟子のところに来て彼らに言う、「彼らが主を墓から取り去りました。どこに置いたのか、私たち
にはわかりません」。3そこで、ペトロとあのもう一人の弟子は出かけてゆき、墓に行こうとした。4二人は
一緒に走っていたが、例のもう一人の弟子はペトロよりも早く、先に走り、〔一足〕先に墓へ来た。5そして、
かがみこんでみると、あの亜麻の布切れのあるのが目に入る。しかし、入ることはしなかった。6さて、彼に
続いてシモン・ペトロもやって来る。そして、彼は墓の中に入った。そして彼が看ると、あの亜麻の布切れが
ある、7また、彼の頭のところにあった、あの汗ふき布は、亜麻の布切れと一緒にあるのではなく、別の離れ
たところで一つの場所にまるめられている。8さてその時、先に墓に来た、あのもう一人の弟子も入って来た。
そして、見て、信じた。9つまり彼が死人たちの中から甦らなければならないという聖書が、彼らにはまだわ
かっていなかったのである。10それで、この弟子たちはまた自分たちのところに帰って行った。

I　原始キリスト教とユダ

第一章　イスカリオテのユダ――名称の由来とその意味

「ユダ」はギリシア語でIoudas（ユーダス）と綴られ、これはヘブライ語の名称 j^{e}hûdāh（イェーフーダー）のギリシア語綴りである。

旧約聖書で「ユダ」（ヘブライ語では「イェーフーダー」）は、まず族長ヤコブの第四子にあたる（創二九35）。ここで「ユダ」という名称は、「主（ヤハウェ）を賞め讃える」の「讃える」（jādāh「ヤーダー」）に由来させているが、これはいわゆる通俗語源的説明で、その語源は正確には不明である。

「ユダ」はこのような由緒正しさから、固有名詞を超えてイスラエルの十二部族の一部族名、あるいは北王国イスラエルに対する南王国ユダという国名、あるいはこの名称を継ぐ、ローマ帝国統治下の地域名、属州名のような普通名詞に転用されるようになった。これのギリシア語綴りが新約聖書の「ユダヤ」(Ioudaia)で、「ユダヤ人」(Ioudaios「ユーダイオス」)もこの「ユダ」に由来して、「ユダヤ」に居住する民を意味する。このような事情から、例えばドイツ第三帝国時代、ユダヤ人はイエスを裏切ったイスカリオテのユダ出自の民族とみなされ、多くのキリスト教徒による迫害の対象にさえなっているのである。

他方、このような「ユダ」あるいは「ユダ族」あるいは「ユダ王国」などの栄光に輝く名称から、イエス時代にはこの名が実に多くの人びとに名づけられていた。実際、新約聖書には、「ユダ」は四十四回見いだされ、イスカリオテのユダ、イエスの兄弟ユダ（マコ六3／マタ一三55）など九人の異なった人物を指すのに用いられているほどである。

次に、「イスカリオテ」について。

実は、一般的に「イスカリオテ」と日本語表記されているギリシア語の呼称には、「イスカリオト」（Iskariōth「イスカリオート」）と「イスカリオテ」（Iskariōtēs「イスカリオーテース」）という二つの異なる綴りがある。前者はマルコ三19／ルカ六16、マルコ一四10に、後者はマタイ一〇4、二六14、ルカ二二3、ヨハネ六71、一三4、一三2、26、一四22に、それぞれ見いだされる。すなわち、マルコとルカは――ルカ二二3を例外として――「イスカリオト」を、マタイとヨハネは「イスカリオテ」をユダの別称にあてていることになる（新共同訳はこれらを総じて「イスカリオテ」とし、岩波版『新約聖書』はこれらを区別して日本語表記している。本書では新約聖書からの引用は岩波版からなされているので、引用文では「イスカリオト」と「イスカリオテ」の区別を設けるが、地の文では煩瑣を避けて「イスカリオテ」に統一する）。

「イスカリオテ」の由来とその意味については、多くの仮説が提起されているが、今のところ定説はない。それらの中で比較的に広く採用されている二つの説を以下に紹介しておく。

第一は、「イスカリオテ」を「イス」＋「カリオテ」と区切って、「ケリヨト」の「人」とみる。「カリオテ」はユダヤの一地名 qerijjôt「ケリオテ」（ヨシ一五25）に、「イス」はヘブライ語で「人」を意味する 'îsch「イーシュ」に由来し、これが一語に合成して「イーシュカリオテ」→「イスカリオテ」となったと説明される。これが最も広く認められている説であるが（例えば岩波版『新約聖書』の「補注　用語解説」四二頁「ユダ、イスカリオテの」参照）、これに対する反論がないわけではない。例えば、「ナザレの」あるいは「ナザレ人」(Nazarenos) イエスは「ナザレ (Nazaret) 出身のイエス」の意であるが（マタ二11、使一〇38、ヨハ一45参照）、「人」を意味するヘブライ語の「イーシュ」の痕跡はこのギリシア語表記には残っていない。この関連で、「イスカリオテ」が出身地を表すならば、ヘブライ語の「イーシュ」がギリシア語の ho apo と訳されるはずである（ヨハ一二21――philippos ho apo Bēthsaida「ベトサイダ出身のフィリッポス」参照）。

もう一つ、かなり広く支持されている仮説は、「イスカリオテ」はラテン語の「シカリウス」(sicarius) に由来するというものである。sicarius は「sica（短剣）を所持する人」、つまりローマ帝国占領下のユダヤで、異邦人、とりわけローマ人を短剣で暗殺することを辞さない、対ローマ・ユダヤ人反抗勢力（これは一般的には「ゼーロータイ＝熱心党」の名で知られている）の一セクト、あるいはそれと並ぶ最過激派のラテン語表記 scarii（シカリ党）の一員である。

確かにイエスの十二弟子の中には、ルカ福音書によれば「熱心党」のシモンも存在するので（ルカ六15）、シカリ派のユダがいても不自然ではない。しかし、「シカリ派」に関する外証は、ローマのユダヤ総督フェリクス以降（後五二年以降）で（ヨセフス『ユダヤ戦記』II, 254−86、『ユダヤ古代誌』XX, 162−64, 186）、それがイエス時代にまで遡るか否かは定かではない。その上、sicarius/sikarios の最初の母音 i/i は長母音「イー」で、この語がアラム語化される際に脱落して sca/ska となるのはほとんどあり得ないといわれる。

このような「イスカリオテ」のユダ＝「シカリ派」出自説は、一九六〇年代後半から一九七〇年代前半にかけて、パリの「五月革命」を契機として全世界に拡大した「学生闘争」時代に、イエス運動を対ローマ革命集団とみなす説が流行した際に、それの傍証として採用されたものである。この説によれば、ユダは元来「熱心党」とりわけ「シカリ派」の一員としてイエスに政治革命を期待したが、その期待をイエスに裏切られたので、彼は逆にイエスに対する裏切り行為にでたとされる（ブランドン、カーマイケルなど）。しかし、このような仮説を裏づける証拠は新約聖書内外に存在しない。ユダがなぜイエスを裏切ったかについて、福音書では必ずしも明確に言及されていないだけに、その原因は時代の潮流に沿う仕方で挙げられることになる。その一つの例が、ユダの「シカリ派」出身説であろう。

いずれにしても、「イスカリオテのユダ」という名称から、その由来と意味を明確化することは、今のところ不可能というべきであろう。新資料となる『ユダの福音書』にも「イスカリオテ」の由来と意味を示唆する記事は全く見られない。

第二章　イエスとの再会――マルコ福音書のユダ

まず初めに、マルコによる福音書の概要を押さえておこう。以下は、近年の私なりの概説である（『聖書名言辞典』四二八～四二九頁）。

古代教会の伝説によれば、「マルコと呼ばれるヨハネ」（使三12）が、「ペトロの通訳」としてペトロからイエスについて聞いたことを書き記した。しかし、この見解は現在採用されていない。

著者は紀元後七〇年代に、それまで言い伝えられてきたイエスの言行に関する伝承を編纂して、史上初めて「福音書」を著わした。成立地はおそらく、ガリラヤに隣接する南シリアであろう。

マルコによる福音書（以下、マルコ福音書と表記）の思想的特徴としては、次の諸点が挙げられる。

第一に著者は、福音書成立以前にすでにまとまった形で伝承されていた（その一部はすでに文書化されていた？）イエスの受難・復活物語（一四～一六章）と、受難以前のイエスの言行に関する伝承とを統合して編集することにより、イエスの受難・復活の意味をイエスの生涯全体との関わりにおいて捉えなおした。

第二に、ガリラヤからイエスの十字架刑に至るまで、彼に従い仕えることのできない弟子たちに対して、マルコ福音書のイエスは極めて批判的である。それに対して、十字架刑に至るまでイエスに従い仕えた「女性たち」は積極的に評価されている（マコ一五41）。

第三に、人間がイエスに対して「神の子」と告白するのは、イエスが超自然的力をもって奇蹟行為をした時点においてではなく、十字架上で悲惨な死を遂げた直後であった（マコ一五39）。

第四にマルコ福音書は、神の使いがイエスを見棄てた弟子たちに対して、ガリラヤにおいて復活のイエスに再会することを約束する場面で終わっている（マコ一六7－8）。

以上の解説の中で、マルコ福音書におけるユダの位置づけにとって重要なのは、第二と第四、すなわちマルコ福音書のイエスは自ら選んだ十二人の弟子たち総体に対し、他の福音書におけるイエスと比較して極めて批判的である点と、にもかかわらず、最終的にイエスを見棄てた弟子たちに対して、ガリラヤにおいて復活のイエスに再会することを約束している点である。

これに加えて、マルコは福音書の中でイエス物語を「同時代史」的に描いていることに予め注目しておきたい。すなわちマルコは、福音書に登場するイエスの弟子たちをマルコ時代の教会における指導者たちに重ねて描いているのである。マルコ福音書におけるイエスの弟子批判と弟子たちへの約束は、マルコ時代の教会における指導者批判と彼らへの約束に通底している、ということなのである。

さて、マルコ福音書において最初にユダに言及されるのは、イエスによる弟子たち「十二人の選び」の場面（マコ三13－19）においてである（本文は「共観表」本書二二～二四頁参照）。イエスが「立てた」シモン・ペトロをはじめとする十二人のリストの最後に、「イスカリオトのユダ」に言及されており、「このユダはまた、イエスを引き渡したのでもある」といわれている（19節）。

ここで用いられている「引き渡す」（paradidōmi）という動詞は、一般的には「裏切る」、「売り渡す」と同じ意味とみなされている（例えば岩波版『新約聖書』一五頁、注一四参照）。確かに、後に確認するように、「ユダの裏切り」の場面（マコ一四10－11）からみれば、この「引き渡す」は「裏切る」と同義と見なし得よう。しかし、この場面においてマルコ福音書ではユダが、マタイ福音書とりわけルカ福音書におけるように、積極的にイエスを祭司長たちに「売り渡し」てはいない。「十二人の選びの場面」でも、「このユダはまた、イエスを引き渡したのでもある」というマルコ福音書の本文が、「共観表」を見れば明らかなように、ルカ福音書（六16）では、「この彼は、売り渡す者になった」と書き換えられている。ルカは、「引き渡す」というマルコ本文の用語に、ルカが描くユダ像からみて不満を抱いたのだろう。ルカにとってユダは、イエスを祭司長たちに「売り渡す者になった」のである。ちなみに、この「売り渡す者」(apodotēs)という名詞は新約の中でもルカのみが、しかもこの箇所においてだけ使用している。

受難物語(マルコ福音書では一四章以下)以前のイエス物語でユダは、イエスによる「十二人の選び」以後には直接的には一度も言及されていない。ただし間接的には、イエスによる「第二回受難復活予告」(マコ九30-32)の中で、次のように語られている。

〈人の子〉(イエス)は人々の手に(引き)渡される、そして彼らは彼を殺すだろう、そして彼は殺されて三日後に起き上がらされるだろう。(マコ九31)

ここでは、「人の子」つまりイエスを主語として——後述のように(七三〜七四頁参照)、第三回受難復活予告(マコ一〇32-34)および一四章21b節の用法からみて——「ユダを介して神により」を含意させながら、マルコ三章19節で確認した「引き渡す」(paradidōmi)の受動態「引き渡される」(paradidotai)が用いられている。この二ヵ所では、いずれも「引き渡す」/「引き渡される」という動詞が、直接・間接にユダについて定型的に用いられていることに注目したい。このことは、マルコが福音書を編む際に用いた伝承の中で、イスカリオテのユダについては少なくとも「引き渡す」という動詞が定型として用いられていたことを示唆していよう。この動詞の具体的意味が物語られるのはイエスの「受難物語」においてである。

「ユダの裏切り」物語（マコ一四10―11）は、次のように記されている。

> 10さて、十二人の一人、イスカリオトのユダは、祭司長たちのところに出かけて行った。彼らにイエスを引き渡すためである。11彼らはこれを聞いて喜び、彼に銀貨を与えることを約束した。そして彼は、どのようにしたらイエスを首尾よく引き渡せるか、その機会をねらっていた。

実は、この物語は、祭司長たちと律法学者たちによるイエスの「殺害計画」（マコ一四1―2）の続きなのである。彼らの計画にユダが乗ったというのが物語の筋なのである。ここでユダがイエス物語の「暗」を象徴する存在として描かれていることは、この二つの記事の間に「ベタニアの塗油」物語（マコ一四3―9）がはさみ込まれていることによって、ますます明らかとなる。この塗油物語の中で、イエスに油を塗って彼の埋葬の用意をしたベタニアの女は、彼によって「世界中で福音が宣べ伝えられるところではどこでも、この女《ひと》自身の行なったこともまた、その記念として語られるだろう」と最大限に賞賛されている（9節）。彼女はイエス物語の「明」を象徴する存在である。マルコはこのような「はさみ込み」の手法によって、ベタニアの女とユダに象徴される、イエス物語における「明」と「暗」のコントラストを読者に印象づけようとした。

それにしても、マルコ福音書における「ユダの裏切り」物語は、マタイ福音書やルカ福音書の場合（マタ二六14－16／ルカ二二3－6）とは異なって、ユダがイエスを「引き渡すため」の動機が明らかでない。「ユダが祭司長たちのところに出かけて行った」のは、彼らに「イエスを引き渡すためである」といわれた後で、祭司長らは「これを聞いて喜び、彼に銀貨を与えることを約束した」のであって、マタイ福音書におけるように、ユダの方がまず祭司長たちに報酬を要求した（二六15）のでもなければ、ユダの裏切り行為は、ルカ福音書のようにユダに入り込んだ「サタン」（悪魔）の業（二二3。ヨハ一三2、27をも参照）でもないのである。

またマルコ福音書では、祭司長たちがユダに「銀貨を与えることを約束した」後に、ユダは「どのようにしたらイエスを首尾よく引き渡せるか、その機会をねらっていた」（マコ一四11）と記されているだけで、マタイ福音書におけるように、祭司長たちがユダに「銀貨三十枚を支払った」、「その時より」イエスを引き渡す機会を狙っていた（マタ二六15－16）のでもなければ、ルカ福音書におけるように、ユダは「彼に銀貨を与えることで一致した」祭司長たちの協議に「同意」して、イエスを引き渡す機会を狙っていた（ルカ二二5－6）のでもない。

「ユダの裏切り」に関する報告の後、イエスと弟子たちによる「過越しの食事」に移る。イエスはここで、**「ある弟子の裏切りを予告」**（マコ一四17－21）するのである。

[17]さて夕方になると、彼は十二人と一緒にやって来る。[18]そして彼らが〔食事の席で〕横になって食べている時、イエスは言った、「アーメン、私はあなたたちに言う、あなたたちの一人で、私と一緒に食事をしている者が、私を引き渡すだろう」。[19]彼らは悲しみ始め、一人ずつ彼に言い〔始めた〕、「まさか、この私では」。[20]そこで彼は彼らに言った、「十二人の一人で、私と共に鉢の中に〔自分の食物を手で〕浸す者〔がそれだ〕」。[21]というのも、たしかに〈人の子〉は彼について書いてある通り、去って行く。しかし禍いだ、〈人の子〉を引き渡すその人は。その人にとっては、生まれて来なかった方がましだったろうに」。

マルコ福音書の受難物語（一四～一五章）において、イエスは、詩篇で「私」を主語として語る「苦難の義人」としばしば重ねられている。その最初の例が18節のイエスの言葉、「あなたたちの一人で、私と一緒に食事をしている者が、私を引き渡すだろう」にあたる。

詩篇四一章10節に「苦難の義人」が次のように語っているからである。

私の信頼している仲間
私のパンを食べる者が
威張って私を足蹴にします。

マルコによれば、食事を共にしている十二弟子の一人がイエスを「引き渡す」のは、詩篇で一つのパンをわかつほど「信頼している仲間」が「私」を「足蹴にする」ことの実現なのである。

このことをイエスが予告したところ、十二人の弟子たちは「悲しみ始め、一人ずつ彼に言い〔始めた〕、『まさか、この私では』」と。このような弟子たちの自問でマルコは、弟子たちの一人ひとりにイエスを死に「引き渡す」可能性があることを読者に示唆しているのではなかろうか。

あるいは、この弟子たちの自問に、マルコ福音書の読者の自問が重ねられているのかもしれない。前述したように、マルコは福音書を「同時代史」的に書いているとすれば、福音書の弟子たちは、マルコ時代の教会員、とりわけその指導者たちと重ねられているからである。マルコが読者として想定している「キリスト教徒」に関わる次の記述が注目に値しよう。

この地域は（マルコが福音書を執筆していると想定される地域――引用者）、異邦人の間にユダヤ人が混在して居住しており、ユダヤ戦争の初期、ユダヤ系住民と非ユダヤ系住民の間で略奪・虐殺行為が繰り返された（ヨセフス『戦記』II, 457－98を参照）。混乱期には大量の難民が流入したであろう（マコ六34、八2－3の「群衆」の描写を参照）。その中でキリスト教徒は、異邦人から見れば、ローマ帝国に反逆した「暴徒」ユダヤ人の一部であり、またユダヤ人から見れば、対ローマ武装闘争から遁走した「裏切り者」であった（エウセビウス『教会史』III, 5, 3は、エルサレム教団がトランス・ヨルダンの都市ペラに脱出したと報告する）。彼らが、現地住民とユダヤ人の双方から敵視された可能性は大きい。この想定に対応するのが、頻出する〈苦難／迫害／殉教〉に関連する諸モティーフである。

（廣石望「マルコによる福音書」『新版総説　新約聖書』六二～六三頁）

対外的に「裏切り者」として敵視されていたマルコ福音書の読者には、苦難・迫害の下にあって対内的にも「裏切り者」となる可能性を孕んでいた。

いずれにしても、マタイはこの弟子たちの自問を残しているが（マタ二六22）、その後で、予告されている者がユダであることを示唆している（マタ二六25）。ルカに至っては、この文言を完全に削除している（ルカ二二21以下を見よ）。この問題には、この後の「躓き予告」（マコ一四26－31）に関連してもう一度言及しよう。

弟子たちの自問に応じてイエスは言う、「十二人の一人で、私と共に鉢の中に〔自分の食物を手で〕浸す者〔がそれだ〕」。「鉢の中に」とは、過越しの食事の時に食べることを常とする苦菜《にがな》か、あるいはより一般的にソースの類のことであろう。いずれにしても、イエスと同じ食器を共有して食事をする者ということで、イエスとそれほど親密な者を意味していよう。

「というのも」とイエスは言葉を継ぐ、「〈人の子〉は彼について書いてある通り、去って行く」。ここで突然イエスは自らを〈人の子〉と呼ぶ。これはマルコ福音書において、イエスが自らの受難復活を予告する際に用いる自己呼称なのである（八31、九31、一〇33参照）。したがって、「〈人の子〉は……去って行く」とは、受難復活への道をたどるためにここを去って行く、というほどの意味であろう。

それが「自分について書いてある通り」とは、「聖書に書いてある通り」を含意しよう。しかし、これを示唆する（旧約）聖書の箇所は見いだされない。「〈人の子〉について、彼が多くの苦しみを受け、ないがしろにされると書いてあるのはどういうわけか」というイエスの問い（マコ九12）との関わりで言及されている、受難のイエスの先駆者として登場するエリヤの運命（王上一九10、マラ三23－24参照）を示唆しているのであろうか。いずれにしてもイエスはこの後、エルサレムに上る途上において、「見よ、私たちはエルサレムに上る。すると〈人の子〉は祭司長たちや律法学者たちに引き渡される。そして彼らは彼を死をもって断罪し、異邦人たちに引き渡すだろう。そして彼らは彼をなぶりものにし、彼に唾をかけ、彼を鞭打ち、そして殺すだろう。そして三日後に、彼は起き上がらされる」と予告している（マコ一〇33―34）。「起き上がらされる」とは「復活させられる」の意で、「神によって」を含意している。イエスの受難と復活への道行きは神の定めなのである。

このような動詞の受動相に含意されている、行為を加える主体（agent）としての神は、それに先立つ、「引き渡される」にも妥当するであろう。おそらく伝承に遡るであろうイエスの「第一回受難復活予告」（マコ八31）に、この「引き渡される」という文言はなく、「第二回」（マコ九31）および「第三回受難復活予告」（マコ一〇33―34）においてはじめてこの句が加筆され、いずれも神をagentとする「起き上がらせる」と並べられているからである。この句はほぼ確実にマルコの編集的加筆であろう。

このように、イエスが「引き渡される」のは神の定めに組み込まれていることは、マルコ一四章21a節のすぐ後に続く21b節「しかし禍いだ、〈人の子〉を引き渡すその人は」にも実は妥当するのである。この「禍い句」は、岩波版『新約聖書』に注記されているように（六一頁、注二）、直訳すれば、「禍いだ、彼を介して〈人の子〉が引き渡されるその人は」となる。ギリシア語動詞の受動相の場合、行為を加える主体（agent）は一般的に前置詞

hypo（「……によって」）で導かれている。ところが、この句ではhypoではなくdia（「……を介して」）が用いられている。これは、イエスが「引き渡される」行為の主体が神で、ユダはその人間的手段であることを示唆していよう。とすればこの句は、「禍いだ、彼（ユダ）を介して〔神により〕〈人の子〉が引き渡されるその人は」となろう。

いずれにしても、ここでユダがイエスによる呪詛の対象になり、その上、「その人にとっては、生まれて来なかった方がましだったろうに」（21c節）と言われるのは、少なくとも論理的には相矛盾している。もし、ユダが「生まれて来なかった」ならば、彼を介してなされる神の「引き渡し」行為も実現されなかったからである。

あるいは、最愛の弟子に裏切られたイエスの、彼に対する率直な恨みと、裏切りもまた神の定めのうちにあるという神学的解釈との緊張関係がここに露呈されているのであろうか。あるいは、側近の弟子に裏切られて死に引き渡されようとしているイエスの苦しみの吐露によって、そのイエスを「起き上がらせた」神の恵みの深さを際立たせようとしているのか。耐え難い苦しみを神の恵みにあって引き受けようとするイエスの心の葛藤は、マルコ福音書においては、イエスの十字架の最期まで続く（マコ一四36、一五34参照）。

もっとも、このイエスの言葉はユダに対する「呪詛」ではなく、「弟子のひとりのために主人が漏らした哀れみの叫び」ととるべき（クラッセン『ユダの謎解き』一六五頁）かもしれない（新共同訳「人の子を裏切るその者は不幸だ。生まれなかった方が、その者のためによかった」参照）。あるいは、このようにとった方が、弟子たちの一人ひとりに師を裏切る可能性を示唆している、マルコに特徴的な前の文脈（マコ一四19）に適合する可能性があろう。

いずれにしても、この後のイエスはパンを取り、神を祝福してそれを裂き、弟子たちに与え、「取れ、これは私の身《からだ》だ」と言う。また、杯を取り、感謝して彼らに与え、彼らは皆、そこから飲んだ。するとイエスは弟子たちに言った、「これは契約の〔ための〕私の血であり、多くの人のゆえに流されるものだ」（マコ一四22―24）。これはいわゆる「聖餐式」の起源となった**最後の晩餐**の場面である。

ところで、マルコ福音書における「ある弟子の裏切りを予告」（一四17―21）にあたるヨハネ福音書の「裏切る者の退去」（一三21―30）では、ユダがイエスからパン切れを受け取ると、「ただちに（食事の席から）出て行った」（一三30）。この記事に影響されて、マルコ福音書における「食事とイエスの死の意味」の場面（一四22―25）にユダは同席していないと想定されることが多い。

しかし、これはヨハネ福音書からの「読み込み」であって、少なくともマルコ福音書をはじめとする共観福音書では、「聖餐式」の起源となる最後の晩餐の場面にユダの不在を示唆する記事は皆無である。しかもルカ福音書の場合は、最後の晩餐の場面（二二14―20）の後に

「ある弟子の裏切りを予告」の場面（一三21―23）が移されている。したがって、ここではユダもまた他の弟子たちと共に「聖餐」に与ったと想定せざるをえないであろう。

食事の後、イエスの一同はオリーブ山へ出て行き、ここでイエスは弟子たちに、「あなたたちは、全員が躓くことになるだろう」と「躓き予告」をする。しかし、同時にイエスは、自分が「起こされた（復活の）後、あなたたちより先にガリラヤへ行くだろう」とも予告している（マコ一四26―28）。

この場面にもユダはいた（少なくとも彼がここにいないことを示唆する文言は見いだされない）。しかし、ここで「躓き」を予告される「全員」とは、ユダを含む十二人の弟子たちのすべてであろう。筆者はすでに、イエスによる「ある弟子の裏切りを予告」の場面で、弟子たち一人ひとりが、「まさか、この私では」と自問しているところから、マルコはイエスを裏切る可能性を、ユダのみならず他のすべての弟子たちの心の中にも暗示しているのではないかと想定した。

実際、この「躓き予告」の後、弟子たちの筆頭者ペトロは、「たとえ皆の者が躓いたとしても、この私は〔躓き〕ません」と誓ったのに（マコ一四29）、イエスの予告（マコ一四30）通りに、その夜、「鶏が二度啼く前に、三度」イエスなど「知らない」と彼を拒んだ（マコ一四66―72）。そしてペトロを含む他の弟子たちも、イエスが捕縛された後、「全員が、彼を見棄てて逃げて行った」（マコ一四50）。

にもかかわらず、イエスは「躓き予告」の最後に、おそらくユダを含む弟子たちに、復活の後、「あなたたちより先にガリラヤへ行くだろう」と予告している（マコ一四28）。そしてこの予告は、イエス復活の場面に登場する天使によって、イエスを見棄てた弟子たち全員に対する約束として繰り返されている。——イエスが葬られていた墓の中で天使に出会い、「ひどく肝をつぶした」女性たちに天使は言う、「〔そのように〕肝をつぶすな。あなたたちは十字架につけられた者、ナザレ人イエスを探している。彼は起こされた、ここにはいない。見よ、〔ここが〕彼の納められた場所だ。むしろ行って、彼の弟子たちとペトロとに言え、『彼はあなたたちより先にガリラヤへ行く。そこでこそ、あなたたちは彼に出会うだろう』と。彼が〔かねて〕あなたたちに語った通りである」（マコ一六6―7）。

マルコによれば、イエスは自らを見棄てて逃げ去った弟子たち全員に対して、ガリラヤでの再会を約束している。彼らの罪は究極的には赦されていたのだ。このことは、弟子たちに対するイエスの「躓き予告」の場にユダもいたと思われるだけに、イエスを「引き渡す者」と言われるユダにも妥当すると思われる。

さて、「躓き予告」の後、イエスは弟子たちと共にゲツセマネの園へ行き、ペトロ、ヤコブ、ヨハネだけを伴って最後の祈りをする。イエスは神に対し、「この（死の）杯を私から取り除いて下さい。しかし、私の望むことではなく、あなたの望まれることを」（マコ一四36）と必死に祈っているにもかかわらず、彼らは眠りこけていた。そして最後にイエスは言う、「なお眠っているのか、また休んでいるのか。事は決した。時は来た。見よ、〈人の子〉は罪人らの手に渡される。立て、行こう。見よ、私を引き渡す者が近づいた」（マコ一四41―42）。

このイエスの言葉から推定して、ゲツセマネの園にはユダは不在であった。彼はイエスの捕縛の先導をするために、園から離れ、ユダヤ最高法院へと密かに赴いていたのであろう。

イエス「**捕縛**」は次のように実現されている。

43そしてすぐに、彼がまだ語っているうちに、十二人の一人のユダが現れる。そして彼と
共に、祭司長たちと律法学者たちと長老たちのもとから〔来た〕群衆が、剣と棒を持って
〔現れる〕。44彼を引き渡す者は、〔こう〕言いながら彼らに目印を与えていた、「俺が接吻
する奴があいつだ。それを捕らえて、間違いなく引っ立てて行け」。45そしてやって来
て、すぐにイエスに近寄って言う、「ラビ」。そして彼に接吻した。46そこで彼らは彼に手
をかけ、彼を捕らえた。47するとかたわらに立っていた者のうち〔誰か〕一人が、剣を抜
いて大祭司の僕を斬りつけ、その〔片〕耳を切り落とした。

[48]そこでイエスは応えて彼らに言った、「お前たちは強盗にでも向かうかのように、剣や棒を持ってこの私を取り押さえに出て来たのか。[49]私は毎日、神殿〔境内〕で教えながらお前たちのもとにいたが、お前たちは私を捕らえはしなかった。しかし〔これも、〕聖書が満たされるためだ――」。（マコ一四43―49）

ユダは「祭司長たちと律法学者たちと長老たち」、すなわちユダヤ最高法院の議員たちからイエスを捕縛するために遣わされた「群衆」に、これがイエスであるという「目印」とするために、「彼に接吻した」。「接吻」は愛情を込めた挨拶のしるしである（Iコリ一六20、IIコリ一三12、Iテサ五26、ロマ一六16、Iペト五14参照）。それを「裏切り」のしるしとするとは！　これはイエスに対するユダの「愛憎」のしるしであろうか。

いずれにしても、これを合図に、群衆はイエスに手をかけ、イエスを捕らえた。

なお、この段落の後半に、イエスが毎日神殿で群衆を前に教えていたときには彼を捕らえはしなかった（今この園で彼を捕らえた）ことも「聖書が満たされるためだ」と言われている。ここでも「聖書」のどの箇所が実現されるためとは言われていない。これはおそらく「ある弟子の裏切りを予告」において「〈人の子〉は彼について書いてある通り去って行くというイエスの言葉（マコ一四21）の場合と同様に、このようなかたちでイエスが逮捕され、「引き渡される」のも神の定め、その必然であることを読者に示唆しているのであろう。

それはともかくとして、この場面のすぐ後に、「すると（弟子たち）全員が、彼を見棄てて逃げて行った」（マコ一四50）と記されている。ユダはこの後どう振る舞ったのか、マルコは一切報告していない。マルコ福音書ではこの後ユダは「縊死《いし》」（マタ二七5）も「転落死」（使一18）もしていないのである。彼もまたペトロをはじめとする弟子たち「全員」と共に、ガリラヤにおける復活のイエスとの再会の約束に与っていることを示唆しているだけである（マコ一六7）。

確かにこれは暗示されているだけで、確実ではない。しかし、イエスが復活後自らを顕した相手は、「十二人」であったとする古い伝承があることに注意したい。パウロがⅠコリント書一五章3－7節で引用しているイエス顕現伝承によれば、イエスは復活後、まず「ケファ（ペトロ）」に現れ、次に十二人に〔現れた〕」（Ⅰコリ一五5）。また、外典『ペトロによる福音書』でも復活のイエスは「十二人の弟子」に顕現している（一四58）。

マタイとルカはこれを「十一人」としているが（マタ二八16、ルカ二四33）、この数は、マタイの場合ユダの縊死（二七3－5）を、ルカの場合ユダの転落死（使一18）をイエスの死以前にそれぞれ前提しているからである。年代的にみても、パウロの証言（五〇年代）の方がマタイやルカの記事（八〇～九〇年代）よりも古い。おそらく七〇年代の後半に成立したユダの死に関する伝承をパウロやマルコは知らなかったのであろう。

ユダはイエスを裏切った後、どのような仕方で、またどの時点で弟子集団に復帰したか、またどのような死にざまをしたかについては定かではない。しかし、少なくともイエスが顕現後、十二弟子に顕れたという伝承が存在したことは注目に値しよう。——佐藤研（『悲劇と福音』一三三頁）、クラウク（『ユダ』一二一～一二三頁）、クラッセン（前掲書、三一八～三一九、三三一頁）は共に、ユダがイエスの死後生き延びていたこと、彼にもイエスの顕現があったことの可能性を想定している。本書の冒頭に挿入の図版「イエスとの再会」（一二～一三頁）、および石原綱成氏による図像解説（二六六～二七〇頁）をも参照されたい。

第三章　銀貨三十枚の値打ち——マタイ福音書のユダ

マタイによる福音書についても、マルコ福音書と同様に、まずその概要をまとめておく（『聖書名言辞典』四〇一頁）。

古代教会の伝説によれば、この福音書（以下、マタイ福音書と表記）は十二使徒の一人マタイによって著わされた。しかし、この見解は現在採用されていない。

著者は二つの資料（①マルコによる福音書と、②ルカによる福音書に共通するイエスの語録集——いわゆるQ文書）を用い、それに独自の資料を補いながら福音書を編纂した。マルコ福音書の成立年代を紀元後七〇年代とすれば、マタイ福音書はおそらく紀元後八〇年代に一ユダヤ人キリスト者によって著わされたと思われる。成立地はシリアであろう。

マタイ福音書の思想的特徴としては、次の諸点が挙げられる。

第一に、イエスの言行は総じて旧約聖書における預言の成就とみなされている。

第二に、「神への愛と隣人への愛」に要約されるイエスの掟に旧約聖書のすべてが掛かっており（三40）、それは旧約の律法にまさって実践されるべきである（五20）。

第三に、使徒たち、とりわけその筆頭のペトロは、イエスにより「教会」の礎石（「岩」）として（一六18）、高く評価されている。

第四に、生前のイエスは、使徒たちによる宣教の対象を「イスラエルの家の失われた羊」（一〇6）に限定したが、復活後ガリラヤに顕現したイエスは、彼らの宣教対象を「あらゆる異邦人たち」（二八19）に拡大している。

ユダヤ人キリスト者の視座から異邦人宣教を視野に入れて福音書を編んだマタイは、「イエスを裏切った」ユダヤ人ユダに対して、自らに「裏切る」可能性を保留するマルコよりも厳しい対応が予想されよう。

まず、イエスによる「**十二人の選び**」の記事（マタ一〇1－4）では、マタイはマルコの記事（マコ三13－19）をほとんどそのまま踏襲している。十二人のリストの最後に挙げられているイスカリオテのユダについても、マルコ福音書の場合（マコ三19）とほぼ同様に、「このユダはイエスを引き渡す者でもある」と記されている（マタ一〇4）。

次に、「**ユダの裏切り**」の記事（マタ二六14－16）は、次の通りである。

[14]そののち、十二人の一人で、イスカリオテのユダと呼ばれていた者が、祭司長たちのもとへ行き、[15]言った、「あなたたちは私に何を与えてくれるか。この私は、あなたたちに彼を引き渡そうと思うのだ」。彼らはそこで、彼に銀貨三十枚を支払った。[16]そして彼は、その時より、イエスを引き渡すための良い機会をねらっていた。

共観表によってマルコ一四章10−11節をマタイ二六章14−15節と比較して読めば明らかなように、マルコの本文では、祭司長たちは、ユダが彼らにイエスを引き渡すために来たことを聞いて喜び、「彼に銀〔貨〕を与えることを約束した」と記されているだけである。それに対してマタイ本文では、祭司長たちのところへ行ったユダが彼らに、「〔あなたたちは〕私に何を与えてくれるか」と積極的に問いかけ、その代価にイエスを彼らに「引き渡そうと思うのだ」と駆け引きをしている。その結果、祭司長たちはユダに「銀貨三十枚を支払った」と記されている。

「銀貨」（ギリシア語では「銀」と表記されているだけであるが、これは「銀貨」以外を意味しないので、岩波版では「銀貨」と訳されている）を、当時ユダヤに流通していたローマの貨幣「一デナリオン」ととれば、「銀貨三十枚」は、三十デナリオンとなる。そして、一デナリオンは当時一日の賃金に当たるので（マタ二〇2参照）、三十日分の賃金は日本円に換算すれば約十五万円となろう。この金額は、出エジプト記二一章32節によれば、奴隷一人分の値段にあたる。ただし、当該箇所の「銀貨三十枚」は、マタイの創作ではなく、後ほど考察するユダの「縊死」（マタ二七3－10。特に9節）に関連して引用されているゼカリヤ書一一章13節の「銀貨三十枚」に由来する。この値段は、ゼカリヤ書の文脈では不当な安値とみなされている（後述、本書九六～九七頁参照）。

いずれにしても、この「銀貨三十枚」という金額は、福音書の読者からみても、少額と受けとられよう。例えば、この「ユダの裏切り」物語のすぐ前の文脈に編まれている「ベタニアの塗油」物語（マタ二六6－13）において、一人の女がイエスの頭の上に注いだ香油の値段はこの物語のマルコ版によれば「三百デナリオン以上」であった（マコ一四5）。とすればユダは、その十分の一の値段でイエスを祭司長たちに売ったことになる。そのような安価でも、ユダはイエスを売って、お金が欲しかったのか、と福音書の読者は思うのではないか。とりわけマタイ福音書において、イエスは「金銭欲」を戒めているのであるから（六24、一〇9、一九21参照）。

マタイによれば、ユダはこの時より、イエスを引き渡すための機会を狙っていたという（二六16）。

「**ある弟子の裏切りを予告**」の場面をマタイは以下のように記している（二六20－25）。

[20]さて、夕方になると、彼は十二人と一緒に〔食事の席で〕横になった。[21]そして彼らが
食べている時、イエスは言った、「アーメン、私はあなたたちに言う、あなたたちの一人
が、私を引き渡すであろう」。[22]すると彼らははなはだしく悲しみ、一人一人彼に言い始
めた、「主よ、まさか、この私ではないでしょうね」。[23]そこで彼は答えて言った、「私と
共に鉢の中に〔食物を持った〕手を浸す者、その者が私を引き渡すであろう。[24]たしかに
〈人の子〉は彼について書いてある通り、去って行く。しかし禍いだ、〈人の子〉を引き渡
すその人は。その人にとっては、生まれて来なかった方がましであったろうに」。
[25]そこで、彼を引き渡す者、ユダが応えて言った、「ラビよ、まさか、この私ではないで
しょうね」。イエスは彼に言う、「それはあなたの言ったことだ」。

この記事をマルコ福音書の並行記事（一四18−21）と比較して読めばわかるように、マタイは二六章21−24節までほとんどマルコ一四章18−21節を踏襲している。

もっともマタイは、21−24節でも、マルコ本文の細部に手を加えてはいる。

まず、21節でマタイは、マルコ一四章18節のうち「私と一緒に食事をしている者」を削除している。結果、21節はマルコ本文のように詩篇四一篇10節を示唆していないことになろう。

次に、22節前半でマタイは、マルコ一四章19節の「悲しみ始め」に「はなはだしく」とい

う副詞を加えて、「あなたたちの一人が、私を引き渡すであろう」というイエスの予告を受けた弟子たちの「悲しみ」をマルコ本文以上に強調している。そして、イエスに対する弟子たち一人ひとりの問い「主よ、まさか、この私ではないでしょうね」には、マルコ一四章19節の自問「まさか、この私では」と比較して、「主」に対する弟子たちの信頼と、「私ではない」という弟子たちの自信がマルコ福音書におけるよりも強く出されているように思われる。それだけに、私たちがマルコ本文について確認した、弟子たち全員にイエスを裏切る可能性を保留する度合いは、マタイ本文ではより少なくなっているのではなかろうか。

第三に、マタイは23節で、マルコ一四章20節の「私と共に鉢の中に〔自分の食物を手で〕浸す者〔がそれだ〕」の「浸す者」に「その者が私を引き渡すであろう」という一句を加えて、25節の「彼を引き渡す者、ユダ」の準備をしている。

24節における〈人の子〉の「去り行き」予告と、彼を「引き渡す人」に対する呪詛の言葉は、マルコ一四章21節とほとんど全く同様である。

しかしマタイはこの場面の最後に、マルコ本文にはない25節の一文を加筆している。「彼（イエス）を引き渡す者」と特定されたユダがイエスに言った、「ラビよ、まさか、この私ではないでしょうね」と。この問いは22節における弟子たちの問いと同じである。しかし、弟子たちがイエスに、「主よ」と呼びかけているのに対して、ここではユダは「ラビよ」と呼びかけている。「ラビ」はユダヤ教の律法学者の公的称号で、「先生」ほどの意味であるが、とりわけマタイ福音書でイエスは弟子たちに、「あなたたちは（律法学者たちのように）『ラビ』と呼ばれるな」と教えている（二三8）。その称号をもってイエスに呼びかけ、しかも「はなはだしく」悲しんで問いかけた弟子たちと同じ言葉で、再びイエスに問いかけるユダ。マタイはこの言葉から、「弟子」の仮面を被るユダの厚かましさを読み取らせようとしているのではないか。

これに対してイエスは言う、「それはあなたの言ったことだ」。この語法でイエスは、ユダに問いを投げ返し、そうであるかどうか自分の心に問うようにと迫ったものと思われる。

ユダに関わる限り、この後の場面描写はマルコ福音書の場合と大差がない。すなわち、過越しの食事（最後の晩餐）の場面（マタ二六26－29）にも、「躓き予告」の場面（二六30－35）にも、ユダは他の弟子たちと同席していたと思われる。彼がイエスとその弟子たちから離れたのは、これもマルコ福音書の場合と同様に、「ゲッセマネの祈り」の場面（二六36－46）においてであった。この場面の終わりにイエスが弟子たちに、「見よ、時は近づいた。そして〈人の子〉は罪人らの手に渡される。立て、行こう。見よ、私を引き渡す者が近づいた」と言っている（二六45－46）からである。

こうして場面は、イエス「捕縛」（二六47－56）へと移行する。

[47]そして、彼がまだ語っているうちに、見よ、十二人の一人のユダがやって来た。そして
彼と共に、祭司長たちと民の長老たちのところから〔来た〕大勢の群衆が、剣と棒を持っ
て〔やって来た〕。[48]彼を引き渡す者は、彼らにこう言いながら〔合図の〕徴を与えた、
「俺が接吻する奴があいつだ。それを捕らえよ」。[49]そしてすぐさまイエスに近寄って、言
った、「ラビ、喜びあれ」。そして彼に接吻した。[50]するとイエスは彼に言った、「友よ、
あなたがなそうとしていること〔をなすがよい〕」。そのとき彼らは近寄り、イエスに手を
かけ、彼を捕らえた。[51]そこで、見よ、イエスと共にいた者たちの一人が、手を伸ばして
自分の剣を抜いた。そして大祭司の僕を打ち、その〔片〕耳を切り落とした。
[52]そのときイエスは彼に言う、「あなたの剣をもとのところに収めよ。『剣を取る者は皆、
剣で滅びる』からである。[53]それとも私が自分の父に願って、たちどころに十二軍団以上
の御使いたちを私のために備えてもらえないとでも思うのか。[54]〔しかし〕それでは、こ
のように起こらねばならないと〔書いてある〕聖書は、どうやって満たされようか」。
[55]その時イエスは群衆に言った、「お前たちは強盗に向かうかのように、剣や棒を持って
この私を取り押さえに出て来たのか。私は毎日、神殿〔境内〕で座って教えていたが、お
前たちは私を捕らえはしなかった。[56]しかしこれらすべては、預言者たちの聖書が満たさ
れるために生じたのだ――」。
そのとき、弟子たちの全員が、彼を見棄てて逃げて行った。

マルコ福音書の並行箇所（一四43−52）と比較して読めば明らかなように、ユダに関する描写（マタ二六47−49）はマルコの記事（一四43−45）とほとんど同じである。すなわち、イエスがゲツセマネでまだ弟子たちと話しているうちに、ユダが、「祭司長たちと民の長老たちのところから」（マルコ本文における「律法学者たち」は削除）遣わされた「大勢の群衆」（マルコ本文に「大勢の」を加筆）と共に現れ、イエスに近づき、「ラビ、喜びあれ」と言って、イエスに接吻した。「ラビ」は、すでにマタイ二六章25節との関わりで指摘したように、マタイ福音書でイエスは弟子たちにこの称号で呼ぶことを禁じている（本書八七〜八八頁参照）。にもかかわらず、ユダはイエスに「ラビ」と呼びかけ、しかも「喜びあれ」（英語で hello ほどの意）と言って、イエスに接吻した。ここにはマルコ一四章45節の場合以上に、ユダの偽善性が色濃く描かれていよう。

その後にマタイは、マルコ福音書にはない、ユダに対するイエスの勧めを付加している――「友よ、あなたがなそうとしていること〔をなすがよい〕」。ここでイエスはユダに、「友よ」と呼びかけている。マタイはこの呼称で「ラビ」と呼びかけられたイエスが、その「ラビ」性を相対化し、ユダと同じ位置に立って発言しているという印象を読者に与えようとしているのかもしれない。この勧めには、イエスの捕縛が彼に対するユダの裏切り行為の結果であるにもかかわらず、それはむしろイエス自身の意思によってなされたという、マタイのイエス理解が反映しているであろう。

　このことは、イエスの弟子たちの一人が剣を抜いて大祭司の僕を打ち、その片耳を切り落とした時、イエスが彼に言った有名な言葉によって裏書きされる。「あなたの剣をもとのところに収めよ。『剣を取る者は皆、剣で滅びる』からである」。またイエスは、自分が欲するならば、神に願って、「たちどころに十二軍団以上の御使いたちを」自分のために「備えてもらえる」と付言している。マタイによれば、イエスはユダの「引き渡し」に自ら進んで応じ、しかもあくまで平和を貫いた。これもまた、マルコ福音書には認められない。マタイが強調するところである。

　その後の記事は、マルコ福音書とほぼ並行している。

マタイ福音書に固有な（マルコ福音書には見いだされない）ユダに関する重要な記事は、ユダの最期、「**縊死**」物語である（マタ二七1―10）。

[1]さて、夜明けが来ると、祭司長たちと民の長老たちの全員は、イエスを殺そうとして、
彼に対する協議をした。
[2]そして彼を縛って引き出し、総督ピラトゥスに引き渡した。
[3]その後、イエスを引き渡した者ユダは、イエスが〔死刑を〕宣告されたと知り、後悔して銀貨三十枚を祭司長たちと長老たちとに返して
[4]言った、「俺は罪なき血を引き渡し

て、罪を犯した」。しかし彼らは言った、「そんなことはわれわれの知ったことか。お前が
勝手に始末せよ」。5そこで彼は、銀貨を神殿に投げ入れ、立ち去った。そして行って、
首をくくった。
6他方、祭司長たちは、その銀貨を取って言った、「これら〔の銀貨〕を神殿の宝物庫に
いれるのは、許されていない。血の代価だからだ」。7そこで彼らは協議して、それら
〔の銀貨〕で陶器師の地所を買い、外国からの旅人用の墓地にした。8このため、この地
所は今日に至るまで、「血の地所」と呼ばれている。9そのとき、預言者エレミヤを通し
て語られたことが満たされたのである、すなわち、

「**そして彼らは、銀貨三十枚を受け取った、**
値踏みされた者の値を、
イスラエルの子らの幾人かが、**この者を値踏みしたのである。**
10そして彼らは、それら〔の銀貨〕を陶器師の地所のために払った、
私に主が命じた通りである」。

マタイはこの物語を、ユダヤ当局によるイエス裁判（二六57-68）とローマのユダヤ総督ピラトゥスによるイエス尋問（二七11-14）の間に編んでいる。ただし、ユダの最期に関するルカによるもう一つの記事（使一16-20）は、ユダの死によって欠けた、使徒たちの「十二」の

数を補うためになされた補欠選挙との関わりで、それを提案するペトロの口に入れられている。そのために、ルカ文書ではユダが福音書物語のどのような文脈の中で死を遂げたのかは不明である。

いずれにしても、ユダの死をめぐってマタイ福音書と使徒行伝に二つの記事があり、一方が「縊死」、他方が「転落死」という相違があるにしても、いずれも「不自然死」という点では共通している。また、物語の細部やいわゆる「聖書証明」の仕方に差異があっても、「血の地所」の原因譚的説明にユダの死を絡めている点では両記事が共通している。したがって、マタイによるユダの「縊死」物語は全体としてマタイの構成であっても、この物語の基層が伝承に遡ることは否定できないであろう。

マタイ二七章のユダの「縊死」物語は二部から成っている。第一部（3－5節）は、ユダの縊死に終わる狭義の「縊死」物語。第二部（6－10節）は、ユダが神殿に投げ入れた銀貨に対する祭司長たちの処置にまつわる、「血の地所」の原因譚とその聖書証明。この聖書証明の部分に、「値踏みされた者の値」として「銀貨三十枚」に言及されており（9節）、これが祭司長たちによってユダに支払われた「銀貨三十枚」（二六15）の出所となったと想定される。

さてユダは、「祭司長たちと民の長老たち」、つまりユダヤの最高法院の議員「全員」がイエス殺害を協議して、彼をローマのユダヤ総督ピラトゥスに「引き渡した」後、元来イエスを彼らに「引き渡した」ユダは、イエスが最高法院で死刑を宣告されたこと（二六66参照）を知り、「後悔」して、銀貨三十枚を祭司長たちと長老たちに返し、自ら「罪なき血を引き渡して、罪を犯した」と告白する。ここで「罪なき血」とは、「罪なき人の血」の聖書的表現で（例えば申二七25参照）、「罪なき人を引き渡して、その血を流し」ほどの意味であろう。ユダはその「罪を犯した」と告白する。

しかし、祭司長たちと長老たちは、それを受け入れなかったので、ユダは銀貨を神殿に投げ入れて立ち去った。そしてどこかへ行って、首をくくって死んだ。

このようなユダの「縊死」は、一般的には否定的に評価されている。実は、この物語の直前の文脈（二六69－75）に「ペトロの否み」の物語が編まれている――ペトロが三度イエスを拒んだ直後に鶏が啼いた。「鶏が啼く前に、あなたは三度私を否むであろう」というイエスの「躓き予告」（二六34）を思い出して（後悔し）、「外に出て行って、激しく泣いた」。

この記事に寄せて、例えばE・シュヴァイツァーは次のように注解している――このように「激しく泣き出すだけで、自分と自分の企てとにもはや何一つ期待せず、ただその主の言葉を思い出すことしかできない者が救いの中にとどまる」。この「後悔したペトロの運命」に対して、「後悔をしたユダの運命」は、対照をなしている。後悔の後、「自分自身で自分を審《さば》くまでして、すべてを自分で償おうとする」ユダは、「救いを見出さ」ない。「このことがまさにイエスの弟子に対して、イエスに従い続けない場合に彼をおびやかす審判につき警告している」（シュヴァイツァー『マタイによる福音書』七〇〇頁）。

　自殺、とりわけ縊死を神の裁き（あるいは呪い）の対象とみる伝統が、申命記二一章22－23節以来、ユダヤ・キリスト教に存在したことは事実である。しかし自殺を、神の恩恵を断つ行為として断言的に禁じたのは、アウグスティヌス以降であって、それ以前は自殺に対する評価はアンビバレントであった。特に、外敵にあって自らの正義を貫くために、あるいは迫害者を目前にして万策尽きた場合、自ら命を絶つことが名誉とされた伝統も見いだされる（「アビメレク」士九54、「サムソン」士一六26－31、「アヒトフェル」サム下一七23、「ラジス」Ⅱマカバイ記一四41－42など）。

　しかもユダの場合、彼は自分がイエスを「引き渡した」結果、イエスが死刑を宣告されたことを知り、「後悔して」（「後悔」はマタイの場合「悔改め」と同義）、自らの「罪」を告白している。そして彼は銀貨を神殿に投げ入れ、縊死している。

　しかし、これを「罪を償う自殺」とみなし、これによってマタイはユダを「イエスの弟子として復権している可能性がある」（須藤伊知郎「ユダの最期と「血の畑」の購入」三三頁）とまで言えるであろうか。少なくとも「自殺に罪を贖《あがな》う効力を認める広汎な伝統」の例証として挙げられている「ラジス物語」（Ⅱマカバイ記一四37－46）、シモンの息子サウル（ヨセフス『戦記』II, 469－76）その他（須藤、前掲論文、三二頁）では、自殺が前記の場合に限って是認されているものの、それが罪を贖う効力を認めているとまでは言えないと思われる。

ユダの後悔と自死を、ペトロの後悔と比較して、前者を否定的に評価することはできないにしても、私たちはここから、ユダが自らの罪を悔い改め、自らを縊死によって罰した（ルツ『マタイによる福音書』二三九頁）という以上のことを読み取ることはできないであろう。マタイはこの物語を構成することによってユダを復権しようとしたとは思われないのである。

さて、この物語の第二部では、主語が縊死したユダに代わって、「銀貨を受け取った」祭司長たちとなる。彼らはこの銀貨を「血の代価だから」神殿に納めるわけにはいかないと言って、それで陶器師の地所を買い、外国からの旅人用の墓地にした。そのためにこの地所は、マタイの「今日」に至るまで「血の地所」と呼ばれている、という。

このような「血の地所」の由来にユダが結びつけられている限りにおいて、使徒行伝一章16節以下のユダの「転落死」物語と共通している。したがって、この「原因譚」は確実に伝承に遡るであろう。しかし、これを「聖書」によって裏づける際に用いられる聖書の箇所が、使徒行伝一章20節の場合（詩六九26）とマタイ二七章9節の場合とは異なる。後者ではエレミヤ書が挙げられている。しかし、9-10節に引用されている聖句は、いわゆる混合引用で、9節がゼカリヤ書（一一13）からの、10節後半が出エジプト記（九12後半）からの引用で、10節前半がわずかにエレミヤ書（一八2-3、三二7-9）を示唆しているに過ぎない。

この裏づけ引用の中心となる9節に当たるゼカリヤ書一一章13節において、主語は、主

（ヤハウェ）から託された羊飼いの職務を返上し、羊の商人たちから「銀貨三十枚」（LXX．ヘブライ語聖書では「銀貨三十シェケル」）という屈辱的に低額な報酬を「値踏みされて」、それを受け取る預言者の「私」である。マタイ福音書の文脈では、「羊の商人たち」が「祭司長たち」に、「値踏みされた者」がイエスに、「値踏みした」、「銀三十枚を受け取った彼ら」がユダと祭司長たちに、それぞれ当たることになる。このようなマタイ福音書二七章9節とゼカリヤ書一一章13節との関連からみて、祭司長たちがユダに支払った「銀貨三十枚」（マタ二六15）は、屈辱的に低額の報酬ということになる。実際にこの額は、前述したように、奴隷一人分の値段（出二一32）に過ぎなかった。いずれにしてもこの「銀貨三十枚」は、ユダに関わる伝承の形成途上においてゼカリヤ書一一章13節に由来したことは確実であろう。

以上、ユダの「縊死」物語において、マタイが直接批判の対象にしているのは、イエスを不当に低く値踏みして銀貨三十枚をユダに支払い、「血の代価」によって「血の地所」を贖った祭司長たちであって、それは直接的にはユダ自身ではない。彼は「後悔して」銀貨三十枚を彼らに返し、罪を告白して、自らを縊死によって裁いたのであった。

しかし、前述のように、マタイはこのようなユダ像を描くことによって彼の名誉を回復しようとした、とまでは言えない。何よりもその証拠は、マタイがユダの最期を福音書のこの文脈に置くことによって、イエスが復活後にガリラヤにおいて彼との再会を約束した「弟子たち」（マタ二六32、二八7、10参照）の中からユダを排除したことであろう。マタイによれば、ガリラヤで復活のイエスに「出会った」のは、「十一人の弟子たち」であった（二八16−17）。

第四章　裏切りと神の計画――ルカ文書のユダ

まず、ルカによる福音書の基本的な位置づけから始めよう（『聖書名言辞典』四四七～四四八頁）。

古代教会の伝説によれば、この福音書（以下、ルカ福音書と表記）はパウロの「同労者」（フィレ24）で「医者」（コロ四14）であったルカによって著わされた。しかし、この見解は現在、ほとんどの聖書学者によって採用されていない。

著者は二つの資料（①マルコによる福音書、②ルカによる福音書とマタイによる福音書に共通するイエスの語録集――いわゆるQ文書）を用い、それに独自の資料を補いながら福音書を編纂した。マルコ福音書の成立年代を紀元後七〇年代とし、ルカ福音書の著者がその続編として著わした使徒行伝の成立を紀元後九〇年代とすれば、おそらく紀元後八〇年代に著わされたと思われる。著者も著者が想定している読者も、おそらく主として「神を畏れる者」（ユダヤ教に同調する異邦人）であった。成立地は、地中海沿岸地域の大都市。

ルカ福音書の思想的特徴としては、次の諸点が挙げられる。

第一に、イエスが宣教する福音は、ローマ帝国に対して政治的に無害であることを積極的に強調している。

第二に、イエスの言行を世界史の枠組みの中に位置付けようとする。

第三に、神による救済の歴史（いわゆる「救済史」）が三つの時期（「イスラエルの時」「イエスの時」「教会の時」）に分けられ、イエスの誕生から昇天に至る「イエスの時」は、「時の中心」として、他の「時」とは質的に区別される。

第四に、イエスの福音を宣教する「使徒たち」が理想化され、彼らと共にイエスに従った「女性たち」は彼らに「仕えていた」（八3）。

第五に、イエスの十字架上の死は、殉教者の理想像として描かれている（二三46）。

第六に、復活後、エルサレムで使徒たちに姿を現わしたイエスは、使徒たちに向かって、とりわけ諸国民に対する「悔い改め」の宣教を命令し（二四47）、ベタニアの近くで天に昇る。

右に挙げたルカ福音書における六つの特徴のうち、とりわけ第三と第四がユダ像に影響を与えている。

第一に、「イエスの時」（その叙述対象がイエス物語としての福音書）が「時の中心」として、それに続く「教会の時」と質的に区別されているために、「時の中心」においてイエスへの信従に生きる弟子たちとイエスを裏切るユダの関係をルカは、それを「同時代史」的に描くマルコ福音書の場合とは異なって、ルカ時代の教会における可能性として読者に訴えることはしていない。

第二に、ルカ福音書では「使徒たち」が「理想化」されているため、イエスを裏切って「十二」使徒たちの「数」から脱落したユダは、「十二」使徒たちとは対照的に「悪魔化」されることになる。

さて、イエスによる弟子たち（ルカ福音書では「使徒たち」）の「**十二人の選び**」の場面において（ルカ六12―16）、ユダの名は、マルコおよびマタイ福音書の場合と同様に、弟子（使徒）たちの最後に挙げられているが、ルカ福音書で目立つのは、このユダがイエスを「売り渡す者になった」（六16）と説明されていることである。ユダを「売り渡す者」あるいは「**裏切る者**」（ギリシア語でprodotēs）と名詞で呼ぶのは、四福音書の中でルカ福音書だけである！

次に「**ユダの裏切り**」場面（ルカ二二3―6）は次のように記されている。

[3]ところで、サタンは、イスカリオトと言われ、十二人の数に入っていたユダの中にすで
に入り込んでいた。
[4]そこで彼は出かけて行って、祭司長たちや神殿守護長官たちと話し
合い、どのようにしてかイエスを彼らに引き渡す方法を〔協議した〕。
[5]また、彼らは喜

び、彼に銀貨を与えることで一致した。[6]そこで彼は同意し、群衆のいない時にイエスを首尾よく彼らに引き渡す良い機会を狙っていた。

マルコ福音書における並行記事（一四10－11）と比較して、まず目立つのは、マルコ本文の「十二人の一人、イスカリオトのユダは」（一四10）という書き出しが、ルカ本文では、「サタンは、イスカリオトと言われ、十二人の数に入っていたユダの中にすでに入り込んでいた」（二二3）と書き直されていることである。ルカ福音書によれば、「サタン」（＝悪魔）は、イエスがその公生涯のはじめ、荒野で試みに遭った後、「時至るまで、彼（イエス）から離れた」（四13）。この「時」がユダの「裏切りの時」なのである。なお、ルカにとっては、「十二」という使徒集団の「数」が大切なのである。この「十二の数」に加えられていたユダ（使一17参照）は、この時点から「サタン」の器となり、この「数」から欠けていく。

そこで彼が「出かけて行って」イエスを「引き渡す」方法を協議した相手は、マルコ本文（一四10）の「祭司長たち」だけではなく、ルカ二二章4節では「神殿守護長官」も含まれている。これに対応して、イエス「捕縛」場面でも、イエスに「向かってやって来た者ら」の中に、ルカ二二章52節では「祭司長たちや長老たち」の他に「神殿守護長官」も存在している。ルカが裏切り行為の方法を協議した相手に、ほかならぬ「神殿守護長官」を加えたのは、ユダを利用してイエスをなき者にしようとするユダヤの支配者たちが宗教的のみならず、政治的とりわけ軍事的勢力であることを読者に印象づけようとしたからであろう。

協議の結果ユダヤの支配者たちは、ユダに銀貨を与えることで一致した。この文言はマルコ一四章11節とほぼ並行している（マルコ本文の「与えることを約束した」がルカ本文では「与えることで一致した」となっているだけ）。ただし、ルカ二二章5節には、マルコ一四章11節と共に、マタイ二六章15節に明記されている「銀貨」の額「三十枚」に言及されていない。

ユダは支配者たちの提案に「同意した」。これもマルコ本文にはないルカの強調点である。さらに、「どのようにしたらイエスを首尾よく引き渡せるか、その機会をねらっていた」（マコ一四11）をルカは、前の文脈（ルカ二二2）に合わせて、「群衆のいない時に……」と修正している。

なお、「ユダの中にサタンが入った」という見解それ自体は、ルカ本文とは違う場面でヨハネ福音書一三章27節（「パン切れ〔を受け取って〕後、その時……」）にあるので、これはルカの創作ではなく、伝承に遡るとみてよいであろう。ただし、この伝承を利用したのは、ルカとヨハネだけである。

第三に、「**ある弟子の裏切りを予告**」の場面（ルカ二二21−23）であるが、まず目立つのは、ルカがこの場面を、マルコ本文に手を加え、過越祭の食事の前（マルコ一四17−21）から、その後（この箇所）に移していることである。しかも、イエスが「私と一緒に食事をしている者が、私を引き渡すだろう」と予告したのに対して弟子たちが一人ひとり、「まさか、この私では」と言い始めたというマルコの記事（一四18－19）をルカは削除して、この「ある者」が弟子全員に及ぶ可能性があることをシャットアウトしている。実際ルカは、イエス捕縛の後に弟子たち全員が逃亡したというマルコの句（一四50）を削除しており、イエス処刑の場面では、女たちだけ（マコ一五40－41）ではなく、弟子たちをも含む「知人たちのすべて」がいるのである（ルカ二三49）。

それはともかくとして、ルカ福音書における「裏切り予告」場面は、弟子たちのために自らの血と身《からだ》を与えると約束するイエス（ルカ二二19－20）とは対照的に、「しかしながら、見よ、私を引き渡す者の手が、私と共に卓上にある」と予告する（二二21）。「私を引き渡す者」という「引き渡す」（paradidōmi）の現在分詞の名詞的用法（paradidōn）は、そのマルコ福音書における並行句（「十二人の一人で、私と共に鉢の中に〔自分の食物を手で〕浸す者〔がそれだ〕」）よりも、読者にそれがユダであることを容易にわからせることになろう。ルカはすでに、イエスの第二回受難復活予告において、マルコ福音書の並行句九章31節（「〈人の子〉は人々の手に〔引き〕渡される」）を、「〈人の子〉は人々の手に〔引き〕渡されようとしている」と修正し（ルカ九44）、ユダによる「引き渡し」の迫真性を強調していた。

「というのも、たしかに〈人の子〉は定められている通り、〔死に〕赴く」（ルカ二二22）は、マルコ福音書の並行句「たしかに〈人の子〉は彼について書いてある通り、去って行く」（マコ一四21）と比較すると、まずマルコ福音書の「（聖書に）書いてある通り」が、ルカ福音書では「定められている通り」と書き換えられていることがわかる。十字架・復活へのイエスの道行きが神の「定め」にあることは、とりわけルカが強調する神の「救済史」観に基づく（使二24、一〇42、一七31参照）。また、マルコ本文の「去って行く」といういささか漠然とした表現を、ルカは「（死に）赴く」と、イエスの受難への道行きを明確化している。

このように、イエスの死は神の予知と計画のうちにあるが、そのことによってイエスを死に「引き渡した」ユダの罪責が軽減されるわけではない。その行為はここでもむしろ「禍《わざわ》いだ」と呪詛の対象とされる。ただルカは、これに続くマルコ本文の「〈人の子〉を引き渡す」、「その人にとっては、生まれて来なかった方がましだったろう」という人間イエスのユダに対する憎しみの吐露ともとれる言葉を削除している。ルカにとってはやはり神の「定め」が、それに耐え難い人間的感情に優先するのであろう。実際、ルカ福音書では十字架上におけるイエスの最期の言葉が、「父よ、**あなたの両手に、私の霊を委ねます**」となっている（ルカ二三46）。

いずれにしても、ルカ福音書における「裏切り予告」場面は、次の記事で終わっている。「すると彼ら（弟子たち）の方は、彼らの間でこのようなことをなそうとしているのは誰か、お互いに議論し始めた」（ルカ二二23）。この句は、先にルカがマルコ本文から削除した、イエスによるある弟子の裏切り予告に対して、弟子たちが「まさか、この私では」と自問した句（マコ一四18－19）と一見並行すると思われるかもしれない。しかし、このルカ本文で弟子たちは、自らの可能性をも含んで自問しているのではない。むしろ弟子たちは、「このようなことをなそうとしている」者を自分の外に設定して、議論し始めている。少なくとも福音書の読者には、それがほかならぬユダであることを暗示する表現になっている。

さて、この後に続く「躓き予告」は、マルコ福音書ではユダを含む十二弟子全員に対してなされている（一四26－31）のに対して、ルカ福音書ではそれが削除され、ペトロのイエス否認予告のみが残されている（二二31－34）。これに対応してルカ福音書では、すでに指摘したように、弟子たちが全員、イエスが逮捕された後に、イエスを見棄てて逃亡してはいない。また、マルコ版の「躓き予告」に含まれていた、弟子たちに対するガリラヤにおける復活のイエスとの再会の約束も、ルカ版には存在しない。こうして、ユダの名誉回復の可能性はルカ福音書では完全に絶たれてしまうのである。

ところでルカ福音書では、「躓き予告」の後に「試練の時のはじまり」物語が編まれている（二二35－38）。ここでイエスは弟子たちに、「自分の上着を売り払って〔でも〕剣を買うがよかろう」と勧め、自分が今、その生涯の終わりを迎えており、「彼は不法な者どもと共に

すら数えられた」という聖書の言葉（イザ五三12）が成就されなければならぬから、と言う。それに対して弟子たちが、「主よ、ご覧下さい、ここに剣が二振りあります」と言うと、イエスは彼らに、「〔それで〕十分なのか」と皮肉った、すなわち、ユダに象徴されるサタン的勢力が迫っている今、剣が二振りあっても十分ではなかろうと――とりわけ福音書の読者に――示唆している。

実際、「オリーブ山の祈り」の後、イエスが弟子たちに警告した「試み」（ルカ二二46）が目前に迫ってきた。

イエス「**捕縛**」の場面（二二47―53）は、次の通りである。

[47]彼がまだ語っているうちに、見よ、群衆〔が現れた。〕そして十二人の一人のユダと呼
ばれている者が彼らのもとにやって来て、イエスに接吻するために彼に近づいた。[48]する
とイエスは彼に言った、「ユダよ、あなたは接吻で〈人の子〉を引き渡すのか」。[49]彼のま
わりにいた者たちは、起こらんとしていることを見て言った、「主よ、剣で打ちましょう
か」。[50]そして彼らの中の一人の者が、大祭司の僕を打ち、その右耳を切り落とした。[51]す
るとイエスは答えて言った、「止めよ、そこまでだ」。そして〔その僕の〕耳に触れて、彼
を癒した。

[52]そしてイエスは、祭司長たちや神殿守護長官たちや長老たちなど、彼に向かってやって来た者らに対して言った、「お前たちは強盗にでも向かうかのように、剣や棒を持って出て来たのか。[53]私は日々、神殿〔境内〕でお前たちと共にいたが、お前たちは私に手をかけはしなかった。しかし今はお前たちの時、闇の支配だ」。

マルコ福音書の並行箇所（一四43－50）と比較して読めば明らかなように、イエスがまだオリーブ山（マルコ福音書ではゲッセマネ）での祈りの後、弟子たちと「語っているうちに」、までのルカの叙述はマルコ／マタイの叙述（二六36－46）とほぼ同じであるが、ルカ本文では、この後に「見よ、群衆〔が現れた〕」と続き、この「群衆」を「十二人の一人のユダと呼ばれている者が、彼らを先導していた」と説明されている。マルコ／マタイ本文では、「十二人の一人のユダ」が、ルカ本文では「十二人の一人のユダと呼ばれている者」と修正されている。このようなルカ本文のユダ呼称にマルコ／マタイ本文におけるよりもユダに対する福音書記者の距離感が出ていよう。また、マルコ／マタイ本文にない、ユダは群衆を「先導していた」という描写には、イエス捕縛に対するユダの積極性が強調されている。

この後に続くマルコ本文（一四43後半－44）をルカは省略している。しかし、ユダがイエスに接吻するために近づいた時に、イエスがユダに語った言葉は、ルカ福音書に独自なものである――「ユダよ、あなたは接吻で〈人の子〉を引き渡すのか」。

この言葉には、ルカが描く、ユダに対するイエスの複雑な思いが込められているように思われる。まず、「接吻」はルカ福音書において「罪の女」のイエスに対する愛情の最大の表現であった（七45）。その「接吻で〈人の子〉を引き渡すのか」と、イエスは悲しみと皮肉をもってユダに問う。この表現を裏返せば、「憎む者のくちづけは欺瞞的だ」（箴二七6）となろうか。なお、「〈人の子〉を引き渡す」あるいは「〈人の子〉は引き渡される」という表現については、ルカ福音書では前の文脈で何度も繰り返されている（九44、一八31-32、二二22参照）。

さて、マルコ本文では、ユダがイエスに接吻したことを合図に、群衆はイエスに「手をかけ、捕らえた」ことになっているが、ルカはこの本文を省略している。それはおそらくルカ本文ではこの後もイエスは自由なまま「不法な者ども」（二二37）と対峙し続け、奇蹟行為まで行なっているからであろう。もっともルカ本文でも最終的には、彼らがイエスに「手をかけ」たことは前提されてはいる（二二53参照）。

イエスの「まわりにいた者たち」（イエスの弟子たち）の反応、すなわち彼らの言行およびそれに対するイエスの振舞いについての描写に、マルコ本文（一四47）とルカ本文（二二49-51）の間に異同が認められる。ルカ本文では、弟子たちの一人がイエスに、「主よ、剣で打ちましょうか」と問う。前の文脈でイエスは弟子たちに「剣」二振りの所持を是認していた。そして、彼らの中の誰か一人が、大祭司の僕にその剣で打ちかかり、「その右耳を切り落とした」（二二50）。この文章の後半は、マルコ本文では、「その〔片〕耳を切り落とした」

となっている。ところが、「右耳を切り落とした」というルカ本文は、そのまま——珍しくも——ヨハネ福音書の並行箇所（一八10）と一致する。ルカはこの箇所に限って、ヨハネが拠った伝承と共通の伝承を採用したのであろうか。

この後ルカは、弟子の一人の行動に対してイエスに独自な言行を提示する。すなわち、イエスは、「止めよ、そこまでだ」と言って、その僕の「耳に触れて、彼を癒した」（ルカ二二51）。ルカ福音書のイエスは——マタイ本文のイエスが絶対的に剣の使用を禁じている（マタ二六52）のに対して——その使用を許容した上で、それに限定を加えている。これは、「不法な者ども」に対して剣の所持を認めた上で、それの全体的行使には懐疑的な（二二36−38）、そして究極的には「われらの足〔どり〕を平安の道へと直《じき》に導く」（ルカ一79。二14をも参照）、ルカのイエス像に対応していよう。しかもイエスは、その僕の耳に「触れて、彼を癒した」という。実際、ルカ福音書においてイエスの宣教と癒しはワンセットになっている（五17、九2参照）。また、手で触れて癒すことは、福音書におけるイエスの奇蹟物語における共通要素の一つではあるが（例えばマコ一41／マタ八3／ルカ五13）、この所作を癒しに結びつけるのはルカ福音書に目立つ（七14参照）。

「お前たちは強盗にでも向かうかのように、剣や棒を持って出て来たのか」云々と言うイエスの言葉（ルカ二二52−53）は、マルコ本文（一四48−49）とほぼ同じである。しかし、マルコ本文でイエスを捕らえに来た「お前たち」は、「祭司長たちと律法学者たちと長老たちのもとから」遣わされた「群衆」であり（マコ一四43）、これの並行記事ではルカ本文の場合も「群衆」であるが（ルカ二二47）、ここルカ二二章52節では、「祭司長たちや神殿守護長官たちや長老たち」となっている。これは、ルカ福音書におけるユダの「裏切り」場面で、サタンの器となったユダがイエスを「引き渡す」方法を協議し、その報酬として銀貨を受領することで合意した相手、すなわち「祭司長たちや神殿守護長官たち」（ルカ二二4）と対応している。ルカによれば、ユダの裏切り行為に銀貨をもって応じ、イエスを逮捕するユダヤ勢力は、ユダヤを宗教的・政治的・軍事的に代表する、サタン的支配勢力なのである。だからイエスは言う、「私は日々、神殿〔境内〕でお前たちと共にいたが、お前たちは私に手をかけはしなかった。しかし今はお前たちの時、闇の支配だ」（ルカ二二53）と。この最後の句は、マルコ福音書の並行句（一四49）にはない、ルカの加筆である。

なお、イエス「捕縛」物語は、ルカ福音書ではここで閉じられていて、マルコ一四章50節／マタイ二六章56節における、弟子たち「全員が、彼（イエス）を見棄てて逃げて行った」という句は削除されている。前述のように、ルカによれば、イエスの弟子たちは、少なくとも師を見棄ててはおらず、イエスにその十字架死に至るまで従って行った。それに対してサタンの器となり、弟子たちの十二の数から脱落したユダは、「闇の支配」を「今」導入し、それにイエスを「売り渡す者になった」（ルカ六16）のである。

ユダの死についてルカは、マタイのように福音書の中（マタ二七3-10）ではなく、ルカが福音書に継いでおそらく九〇年代に著作した使徒行伝の冒頭「十二使徒職の補欠」（一15-26）の中で、補欠選挙を提案したペトロの口に入れて報告している。

[15]そしてその頃、ペトロが兄弟たちの中に立って言った——百二十人ばかりの人々の群れ
が一団となっていたのである——、
[16]「兄弟たちよ、イエスを捕らえた者どもの手びきとなったユダについては、聖霊がダビ
デの口を通して預言した聖書の箇所が、成就しなければならなかった。[17]彼は私たちと共
に〔使徒たちの〕数に加えられ、この奉仕の分け前を〔籤で〕得ていたからだ。[18]ところ
で、この者は不義の報酬で、ある地所を手に入れたが、〔そこへ〕まっさかさまに落ち
て、腹が真中から引き裂け、腹わたがみな流れ出てしまった。[19]そして、このことがエル
サレムの全住民に知れ渡り、そのために、この地所が彼らの国語で『アケルダマ』と呼ば
れるようになった。それは、『血の地所』という意味である。[20]詩篇に〔次のように〕書
かれている——、

『彼の屋敷は荒れ果てよ、
そこに住む者はいなくなれ』、

また、

『彼の職は他の者に嗣がせるがよい』。
21だから、主イエスが私たちのところを往来された全期間中、22〔すなわち〕ヨハネの
洗礼《バプテスマ》〔の時〕から始めて、私たち〔のもと〕から挙げられた日に至るまで、私たちと
共にいた人々の中から、誰か一人が私たちと共に、彼の甦りの証人にならなければなら
ない」。
23そこで彼らは、バルサバと呼ばれ、別名ユストゥスというヨセフと、マッテアとの二人
を立て、24祈って言った、
「すべての人の心を知りたもう主よ、あなたがこの二人の中から選ばれた一人をお示し下
さい。25ユダがこの奉仕と使徒職の場所から脱落して、自らにふさわしい場所に行きまし
たので、〔ほかの一人に〕それを受けさせるためです」。
26そして、彼らが彼ら二人のために籤を出したところ、籤はマッテアに当たった。こうし
て、彼が十一使徒の中に加えられたのである。

ユダの「縊死」物語を扱った際に、すでに短く言及したように（本書九三頁）、ユダの死にまつわる二つの記事、すなわちマタイ福音書二七章3－10節と使徒行伝一章16－26節とでは、ユダの死にざま（マタイ版では「縊死」、ルカ版では「転落死」）や裏づけ引用聖句（マタイ版でゼカ一一13など、ルカ版では詩六九26と一〇九8）が異なる。しかし、いずれでもユダが

「不自然死」を遂げていることと、「血の地所」の原因譚として物語が構成されていることでは共通している。したがって、両記事が少なくとも「地所」の名称をユダの死から導出した伝承に基づいて構成されていることは確実と言えよう。この伝承についてはパウロやマルコは知らず、マタイとルカの時代になって知られているのであるから、伝承の成立は早くても七〇年代後半と思われる。

ところで、ユダは「不義の報酬」である地所を手に入れた（使一18）。ここで「不義の報酬」とは、ユダが「祭司長たちや神殿守護長官」にイエスを「引き渡す」代償として彼らから提供された「銀貨」のこと（ルカ三4–5）を示唆していよう。なお、「不義」（あるいは「不正」）のギリシア語 adikia の属格を形容詞的に用いるのはルカの特徴であり（ルカ一六9の「不義」のマモン〔富〕、一八6の「不義の裁判官」参照）、金銭を含む所有に対して四福音書の中で最も批判的なのがルカである。

ユダは、このような不正な方法で手に入れた「地所」へ、「まっさかさまに落ちて、腹が真中から引き裂け、腹わたがみな流れ出てしまった」。このような死にざまは、後述する『パピアスの断片』三ではさらにグロテスクに描かれているが（本書一四九～一五〇頁参照）、この断片ではユダの不自然死は、「多くの責苦と（罪に対する）むくい」とみなされている。使徒行伝の記事でも明言はされていないが、彼の死は「不義の報酬」を受け取ってイエスを裏切った罪に対する神の「むくい」とみなされていると見てよいであろう。

この点、すでに考察したように、マタイの記事ではユダが自らの裏切り行為を「後悔」し、自らの「罪」を告白して、縊死した（マタ二七3－5）のであるから、彼の死はその罪に対する神の「むくい」ではない。マタイ本文ではむしろ、ユダが返却した銀貨三十枚で「陶器師の地所を買い、外国からの旅人用の墓地にした」祭司長たち（二七6－7）にユダの罪責は転化されているように思われる。

いずれにしても、マタイ本文ではこの「地所」あるいは「墓地」が、マタイの「今日」まで「血の地所」と呼ばれていると言われている。これに対してルカ本文（使徒行伝）では、ユダが「不義の報酬」で自ら購入し、「〔そこへ〕まっさかさまに落ちて」死んだ「地所」が、「エルサレムの全住民」の「国語」（アラム語）で「アケルダマ」つまり「血の地所」と呼ばれている、と言われている（使一19）。

そして、以上のことは、「聖書の箇所」（詩六九26と一〇九8LXX）が「成就しなければならなかった」ことであるという（使一16、20－21）。ユダの死とそれを補う選挙のすべてが、「聖霊がダビデの口を通して預言した聖書の箇所」の必然的「成就」であるというのは、これまた神による救済史の一環であるというルカの救済史観に当たるであろう。

なお、ルカは使徒行伝において、ユダがイエスの受難史のどの時点で死を遂げたかについては明言していない。いずれにしても、それがイエスの刑死以前であったことは、ルカ福音書によれば、イエスの死と復活の後、エルサレムに結集していた弟子たちの数が「十一人」

と報告されている（二四33）ことから明らかであろう。使徒行伝一章13節にはそのリストが挙げられており、当然のことながらユダの名は欠けている。

第五章　盗人にして悪魔——ヨハネ福音書のユダ

ヨハネによる福音書についての私の総括的な解説は、以下の通りである（『聖書名言辞典』四七四～四七六頁）。

古代教会の伝説によれば、この福音書（以下、ヨハネ福音書と表記）は十二使徒の一人、ゼベダイの子ヨハネによりエフェソで著わされた。しかし、この見解は現在採用されていない。

さまざまな観点から見て、この福音書は一世紀末に、ユダヤ教の勢力が強い地域——エフェソか、アレクサンドリアか、パレスティナとシリアの境界領域か——で成立したと思われる。なお、本書の現在の内容は、本書がいちおう成立した後に改訂された「改訂版」と見る説が有力である。

ヨハネ福音書は、最初の三福音書（共観福音書）が用いている伝承資料と重なる資料を若干採用しているが、全体としては独自な資料に依り、三福音書には直接依拠することなしに編纂されている。資料として確実に想定できるのは、いわゆる「徴資料」である。これは現存する資料ではなく、ヨハネ福音書に固有なイエスの奇蹟物語の背後に仮定される資料であるが、当福音書では三福音書の「奇蹟」が「徴」と呼ばれているので、「徴資料」と名づけられている。

ヨハネ福音書の思想的特徴としては、次の諸点が挙げられる。

第一に著者は、その著作目的を本書の結びで次のように明示している。それは、「あなたがたが、イエスが神の子キリストであることを信じる［ようになる］ためであり、信じていることにより、その名のうちにあって生命《いのち》を持ち続けるためである」(二〇31)。

第二に著者は、イエスは彼をキリストと信じる者のもとに今神の子として生きていることを強調している。こうして著者は、生前のイエスの時と、彼が福音書を著作している時とを重ね、彼の教会共同体の中に「神の子」キリストが「霊」として臨在していることを前景に出す。

第三に、その結果本書には、独特なイエス像が提示されている。すなわちイエスは、はじめから神のもとに、神の「ことば」として先在しており、このことばが肉体をもつ人となって、父である神によりこの世に「子」として遣わされた。彼はその言葉と徴（奇蹟）によって、その「神の子」性をこの世に啓示するが、「ユダヤ人」によって迫害され、弟子たちに「兄弟愛」の戒めを遺して十字架につけられ、天に挙げられる。こうして、イエスの使命は十字架上に「成し遂げられた」(一九30)。

第四に、本書ではイエスの母をはじめ、サマリアの女（四7以下）、マルタとマリヤ（一一17以下）、マグダラのマリヤ（二〇1以下）など、女性が高く評価されている。

第五に、「ユダヤ人」が総体として拒否されている。

最後に本書には、「光と闇」「真理と偽り」「生命と死」など二元的に相対立する原理を用いて思想を展開する傾向（いわゆる「二元論」的思想傾向）が見いだされる。

本書は二世紀以降、初期カトリシズムが成立する過程で、正統的教会よりもむしろグノーシス派などの「異端」的分派の中で広く読まれた。前述の女性評価、反ユダヤ主義、そして二元論的思考傾向が、その原因になったと思われる。

以上の概説の中でユダとの関連で重要な点は、ヨハネが福音書を編纂する際に、私たちが今まで考察してきた最初の三つの福音書が用いている伝承資料と重なる資料をいくつか採用しているが、全体としては独自の資料に拠り、三福音書には直接依拠することなしに自らの福音書を編んでいるという、その成立に関わる事実である。また、ヨハネ福音書の思想的特徴として挙げた諸点のうち、とりわけ最後の二点がユダ像に関わる。すなわち、この福音書において総体として拒否されている「ユダヤ人」に、ユダはイエスを引き渡した。そしてこの福音書において、イエスは「光」（ヨハ一5、八12、一二35－36、46）、弟子たちは「光の子ら」（一二36）であるのに対し、ユダは「滅びの子」（一七12）、「悪魔」（六70）、「夜」（一三30）の支配者なのである。

まず、**ユダの裏切り**についてヨハネは、最初の三つの福音書のようにエルサレムでのイエス受難物語に入ってからではなく、すでにガリラヤにおいて、五つのパンと二匹の魚で五千人を満腹させたという、イエスのいわゆる「パンの増加」の奇蹟物語（ヨハ六1―14。六14によれば「徴」物語）との関連で言及している。

イエスはガリラヤのカファルナウムで、迫り来る群衆に向かって、「私がその生命《いのち》のパンである。……私を信じる人は、決して渇くことがない」と「パンの徴」の意味するところを説く（六35）。しかし、ユダヤ人たちはイエスの出自の故にそれを信じない（六41―42）。それに対して、イエスは言う、「アーメン、アーメン、あなたがたに言う、信じる人は永遠の生命《いのち》を持っている。私は生命のパンである。……私は、天から降って来た、活けるパンである。人がこのパンを食べるなら、永遠に生きる」（六47―51）、と。ところが、イエスの弟子たちもこの言葉に「歯が立たない」（六60）。そこでイエスは、「あなたがたの中には信じない人たちがいる」と言葉を継いだのに対し、「つまりイエスには、誰が信じない人々で、誰が自分を引き渡すことになる人なのかが、はじめからわかっていたのである」とコメントされている（六64）。ヨハネ福音書ではここではじめてイエスを「引き渡す」ユダについて示唆されているが、彼が名指しされるのは、次の段落、すなわち弟子の多くの者がイエスから「離れ去り、もはや彼と共に歩もうとはしなかった」時点においてである（六66）。[67]そこでイエスは〔例の〕十二人に言った、「あなたがたも〔去って〕往《ゆ》こうというのか」。[68]シモン・ペトロが彼に答えた、「主よ、私たちは誰のところへ行きましょうか。あなたは永遠の生命《いのち》の言葉を持っておられます。[69]私たちはあなたが神の聖者であることを信じきっており、そして〔すでに〕知っています」。[70]イエスが彼らに答えた、「あなたがた、この十二人を選び出したのは私ではなかったか。しかしあなたがたの中の一人は悪魔である」。[71]つまり彼はイスカリオテのシモンの子ユダのことを言っていたのである。この男は〔例の〕十二人の一人であり、後に彼を引き渡すこととなるのだった。

ここでイエスは何の脈絡もなく突然「十二人」（の弟子たち）に言及する（このために、岩波版『新約聖書』では、「十二人」の前に〔例の〕という説明句を補っている）。「十二人」の弟子たちが選ばれたのは、共観福音書では、すでにそれぞれの箇所を考察したように、マルコ三章13-19節／マタイ一〇章1-4節／ルカ六章12-16節であって、いずれの箇所においてもユダは十二人のリストの最後に挙げられていた。ヨハネ福音書においてイエスがここで突然「〔例の〕十二人」と言うからには、そしてこの後（六70）で「あなたがた、この十二人を選び出したのは私ではなかったか」と問うているからには、この福音書の著者は

「十二人の選び」に関する伝承を知っていたのであろう。あるいは、少なくともヨハネ福音書の読者はそれを知っていることを前提して、このイエスの言葉が記されていよう。

いずれにしても、イエスが十二人に、「あなたがたも〔去って〕往《ゆ》こうというのか」と問うたのに対して、ペトロは十二人を代表してイエスに彼の信仰を告白する、「あなたは永遠の生命《いのち》の言葉を持っておられます。私たちはあなたが神の聖者であることを信じきっており、そして〔すでに〕知っています」と。

「あなたは永遠の生命の言葉を持っておられます」は、先に引用した六章47‐51節のイエスの言葉を受容するペトロの告白であろう。次の「私たちはあなたが神の聖者であることを信じ」ます、は共観福音書におけるイエスに対するペトロの「キリスト告白」（マコ八29／マタ一六16／ルカ九20）に対応していよう。しかし、次の点において、ヨハネ福音書と共観福音書、とりわけマルコ福音書とでは異なっている。

第一に、ヨハネ本文の場合、マルコ本文のようにイエスを「キリスト」とではなく、「神の聖者」と告白している。ヨハネ福音書の場合、「神の聖者」とは、「神が聖別して世に遣わした」者、すなわち「神の子」の意味であろう。ところがマルコ福音書では、イエスを「神の聖者」と見抜くのは「穢れた霊」すなわち悪霊なのである（一23。五7では「神の子」）。悪霊は「神の聖者」「神の子」と共に天界に属する者として、自らを支配する力を有するイエスの本質を見抜いたのであろうか。

第二に、マルコ本文ではイエスを「キリスト」と告白したペトロが、そのことをイエスによって直接的には受容されておらず、彼がイエスの十字架への道行きを遮ったことを理由として、「サタン」呼ばわりされている（マコ八33）。これに対してヨハネ福音書では、イエスはペトロの「神の聖者」告白を受けて、「あなたがた、この十二人を選び出したのは私ではなかったか。しかしあなたがたの中の一人は悪魔である」と答えている（ヨハ六70）。そして、「つまり彼（イエス）はイスカリオテのシモンの子ユダのことを言っていたのである。この男は〔例の〕十二人の一人であり、後に彼を引き渡すこととなるのだった」とコメントされている（六71）。

こうしてヨハネは共観福音書と共に、ユダがイエスによって選ばれた十二人の一人であったにもかかわらず、「彼を引き渡す」であろうこと（マコ三19／マタ一〇4／ルカ六16参照）を確認しつつ、ユダを「悪霊」として、イエスに「神の聖者」告白をするペトロに代表される十二人の弟子たちから排除している。

次にユダに言及されているのは、「**ベタニアでの塗油**」の場面（ヨハ一二1−8）においてである。

[1]さて、過越祭の六日前、イエスはベタニアに来た。イエスが死人の中から起こしたラザ

ロのいたところである。[2]ここで〔人々は〕彼のために食事〔の席〕を設けた。マルタが
給仕し、ラザロは彼と共に〔席で〕横になっている人々の一人であった。
[3]さて、マリヤムが純粋で高価なナルド香油一リトラを取ってイエスの足に注ぎ、自分の
髪でその足を拭った。家は香油の香りで満たされた。
[4]彼の弟子たちの［うちの］一人、後で彼を引き渡すことになる、イスカリオテのユダが
言う、[5]「なぜ、この香油は三百デナリオンで売られ、貧しい人々に施されなかったの
か」。[6]彼がこう言ったのは貧しい人たちのことを心にかけていたからではなく、盗人で
あり、金庫番でありながら、その中身をくすねていたからである。
[7]ところが、イエスは言った、「彼女のしたいようにさせてあげなさい。私の葬りの日の
ためにそれを取っておいたことになるためである。[8]あなたがたのところには、あなたが
たと共にいつも貧しい人々がいるが、私はいつもあなたがたのところにいるわけではない
のだから」。（「マリヤム」は「マリヤ」のヘブライ語風音写。以下「マリヤ」と表記）

この「ベタニアでの塗油」物語はマルコ福音書一四章3–9節／マタイ福音書二六章6–13節における「ベタニアの塗油」、およびルカ福音書七章36–50節における「罪の女の塗油」物語と、それぞれ複雑な関係にある。

第一に、ヨハネ本文は、イエスがエルサレムに入場する直前での「ベタニア」滞在という

場面設定ではマルコ／マタイ本文と共通している。しかし後者では物語の主人公が無名の「女」であるのに対し（マコ一四3／マタ二六7）、前者ではラザロの二人の姉妹の一人マリヤになっている（ルカ七37では「罪人であった一人の女」）。

第二に、ヨハネ福音書一二章3節（一二2でも同様）、「マリヤが純粋で高価なナルド香油一リトラを取ってイエスの足に注ぎ、自分の髪でその足を拭った」のに対し、マルコ一四章3節／マタイ二六章7節では、一人の女が、「きわめて高い値の、純正のナルド香油」の壺を持って来て、その壺を砕き、香油をイエスの「頭に注ぐのであった」。ところがルカ七章37－38節では、「罪の女」が「香油の〔入った〕石膏の壺を持って来て、後方から彼の足もとに進み出、泣きながら、涙で彼の両足を濡らし始め、自分の髪の毛で〔それをいくども〕拭き、さらには彼の両足に接吻し続け、また〔くり返し〕香油を塗った」。つまりイエスの「頭」（マルコ／マタイ本文）に香油を「注いだ」のではなく、「足」に香油を注ぎ、自分の髪の毛でその足を拭った、あるいは涙で濡らした両足を拭い、足に香油を塗ったという点では、ヨハネ本文とルカ本文がほぼ一致しているのである。

ヨハネはおそらく、この物語の場面設定についてはマルコ型の伝承、イエスに対する女性の所作に関してはルカ型の伝承を採り、この物語をラザロとその姉妹マルタ・マリヤの物語の枠に入れて編集したものと思われる。

しかし重要なのは、この物語におけるユダの位置づけである。イエスに対する女の非常識とも思われる所作に文句をつけるのは、マルコ本文ではその場にいた「幾人かの者」（一四4）、マタイ本文では「弟子たち」（二六8）であるのに対し、ヨハネ本文ではほかならぬユダになっている――「彼の弟子たちの［うちの］一人、後で彼を引き渡すことになる、イスカリオテのユダが言う、『なぜ、この香油は三百デナリオンで売られ、貧しい人々に施されなかったのか』」（一二4－5）。

このような文句の内容はマルコ一四章5節／マタイ二六章8－9節とほぼ並行している。しかし、これに続いてヨハネ福音書では（共観福音書には見いだされない）次のようなコメントが付けられている――「彼がこう言ったのは貧しい人たちのことを心にかけていたからではなく、盗人であり、金庫番でありながら、その中身をくすねていたからである」（一二6）。

要するに、ヨハネによればユダは「盗人」で、イエス集団の「金庫番」でありながら、その中身を「くすねていた」、金銭欲の権化なのである。この文言は明らかにヨハネの編集句であり、ここから私たちはヨハネのユダ像を読み取って差し支えないであろう。

私たちは先に、マルコが「ベタニアの塗油」物語（マコ一四3－9）と「ユダの裏切り」物語（一四10－11）を文脈の前後に併置して、イエスに対する「一人の女」の「明」とユダの「暗」を対照的に描いていることを確認した（本書六七～六八頁参照）。ヨハネ福音書では、マリヤの「明」とユダの「暗」が一つの物語に重ねて対照されている。しかも、イエスの足に香油を注ぎ、自分の髪の毛でその足を拭う所作（ヨハ一二2、一三3）が、この後のいわゆる「洗足」場面でイエスが弟子たちの足を洗い、手ぬぐいで「拭う」所作（一三5）の先取りであるとすれば（山口里子『マルタとマリア』二四八頁参照）、マリヤとユダのコントラストはますます明確になろう。

さて、イエスはこの後エルサレムに上り、過越しの祭の前日に、弟子たちと食事を共にして、彼らの足を洗う。この「洗足」の場面（ヨハ一三1－20）の冒頭で、再びユダに言及されている。

1過越の祭りの前に、イエスはこの世から父のもとに移るべき、自分の時の来たことがわ
かっていたので、世にいる自分に属する人々を愛するにあたって、この人々を極みまで愛
した。
2さて食事がなされていた間に――悪魔はすでにイスカリオテのシモンの子ユダの心に彼
を引き渡そうと〔いう考えを〕吹き込んでいたのだったが――、3父がすべてを自分の手
に委ねたこと、また自分が神から出て来て、その神のもとへ往《ゆ》こうとしていることがわか
っていたので、4食事〔の席〕から立ち上がり、上着を脱ぐ。そして、手ぬぐいを取っ
て、腰に巻きつけた。5それから、たらいに水を入れる。そして、弟子たちの足を洗って

は、巻きつけた手ぬぐいで拭き始めた。

イエスは自らの死が近づいたとわかったので、「世にいる自分に属する人々を……極みまで愛した」と言われる。イエスが「極みまで愛した」のは、ヨハネによれば、「自分に属する人々」――その代表的存在が「弟子たち」――である。しかしその中の一人、イスカリオテのユダの心には悪魔がすでにイエスを引き渡そうという考えを吹き込んでいた。この後、イエスを「裏切る者の退去」の場面で、ユダがイエスからパン切れを受け取ると、「その時、サタンがこの人の中に入った」と言われる（ヨハ一三27）。私たちがすでに確認したように、ルカ福音書では、「ユダの裏切り」の場面で、「サタンは……ユダの中にすでに入り込んでいた」と言われていた（ルカ二二3）。ヨハネ福音書でもすでにユダは「悪魔」そのものである、と言われていた（ヨハ六70）。したがって、ユダが悪魔の器、あるいはその化身であるという考え方は、ルカとヨハネが共通して採用した伝承に遡ることをここでも確認しておこう。

さて、イエスは弟子たちに対する愛の象徴的行動として彼らの足を洗い、手ぬぐいで拭き始めた。そして、この行動の意味がヨハネ福音書一三章14節でイエスによって説明される――「私があなたがたの足を洗ったのであれば、あなたがたも互いの足を洗い合わなければならない」。これをイエスのいわゆる「告別説教」をもって換言すれば、「私があなたがたを愛したように、あなたがたが互いに愛しあうように」（一五12）ということになろう（一三34－35をも参照）。

ところで、このようなイエスの「洗足」物語の中で、ユダについて注目すべきことが二つある。その一つは、ユダがイエスによる「洗足」の対象となる弟子たちの中から排除されていないということである。これは、共観福音書においてユダが、聖餐式の起源とされる「過越の食事」（最後の晩餐）から排除されていないことと並行していよう。ユダもまた元来は、イエスによって「極みまで」愛された弟子たちの一人と見なされていたのであろうか。

にもかかわらず、第二にヨハネは、イエスは「洗足」の間に、ユダがイエスを「引き渡そうとしていた」とコメントしている。だから、「あなたがた（弟子たち）全員が清いわけではない」（一三11）。またイエスは、「自分が誰を選んだかが、私にはわかっている。だが、**私のパンを食する者が私に向かってその踵を上げた**という聖書（詩四一10）が満たされなければならない」と言う（ヨハ一三18）。

イエスはその弟子たちを――ユダを含めて――「極みまで」愛したが、ユダがイエスを裏切ることは神の定めであり、そのことをイエスはわかっていた、ということであろうか。

こうしてヨハネの叙述は、「**裏切る者の退去**」の場面（ヨハ一三21－30）に移る。この記事は共観福音書における「ある弟子の裏切りを予告」（マコ一四18－21／マタ二六21－25／ルカ二二21－23）と並行関係にある。

21これらのことを話してから、イエスは霊がかき乱され、証しして言った、「アーメン、
アーメン、あなたがたに言う。あなたがたのうちの一人が、私を引き渡そうとしてい
る」。22弟子たちは、いったい誰のことを言っているのかと当惑して、互いに顔を見合わ
すばかりであった。23彼の弟子たちのうちの一人が、イエスのすぐそばで横になってい
た。それは、イエスが愛していた弟子であった。24するとシモン・ペトロが、〔イエス
の〕言っているのが、いったい誰であるのか、問いただすようにと、この人に合図した。
25その人は、そのようにイエスの懐近くで席につき、彼に言う、「主よ、それは誰です
か」。26イエスが答える、「私がパン切れを浸して、与えることになる人がそれだ」。さ
て、パン切れを浸した後〔取って〕、イスカリオテのシモンの子ユダに与える。27パン切
れ〔を受け取って〕後、その時、サタンがこの人の中に入った。
そこで、イエスは彼に言う、「しようとしていることを、早くしてしまえ」。28〔だが〕、こ
れを彼が何のために彼に言ったのか、〔食事の席で〕横になっていた人々のうちの誰も知
らなかった。29つまりユダが金庫番であったので、ある人たちは、イエスが、祭りのた
め、自分たちに入り用なものを買って来いとか、貧しい人たちに何かあげて来いとか彼に
言っているものとばかり思いこんでいたのである。30さてこの人はパン切れを受け取る
と、ただちに出て行った。夜であった。

イエスが物語の冒頭で、「アーメン」の後に「あなたがたのうちの一人が、私を引き渡そうとしている」と予告し、それを受けて弟子たちが当惑する場面は、マルコ一四章18‐19節／マタイ二六章21‐22節にほぼ並行している。しかし、その後の物語の展開が共観福音書（マコ一四20以下／マタ二六23以下／ルカ二二21以下）と大きく異なっている。

イエスのすぐそばに横になっていた「愛弟子」（この人物は伝統的にはヨハネと言われているが、最近の聖書学ではヨハネ共同体を象徴する人物と想定されている）にペトロが、イエスが予告した人は誰であるのか、イエスに問いただすようにと合図する。愛弟子がイエスの懐近くで席につき、イエスにそれを問うと、イエスは、「私がパン切れを浸して、与えることになる人がそれだ」と答える。こうしてイエスはパン切れを浸した後、それを取ってユダに与える。

このようなイエスの行動は、先に挙げた共観福音書の並行箇所と比較すれば、ヨハネ共同体（を象徴する「愛弟子」）に促された、裏切る者を特定する際のイエスのイニシアティヴをより明確に強調するものと思われる。

ユダがイエスからパン切れを受け取った後、「その時、サタンがこの人の中に入った」。ヨハネにとって「時」は「全時的」（大貫隆『ヨハネによる福音書』一八八頁）なので、この前の時点ですでにユダは「悪魔」と言われているが（ヨハ六70。一三2をも参照）、サタンがユダに入った「時」を特定する伝承をヨハネがルカ（二二3）と共有していたことは、すでに先に確認したように確かであろう。

ところで、この物語におけるイエスのイニシアティヴは、ユダを裏切り者と特定するだけではなく、「しようとしていることを、早くしてしまえ」というユダに対する裏切り行動の積極的な促しにまで及んでいる。このようなイエスの促しは、イエス「捕縛」のマタイ本文における、イエスに対するユダの接吻直後の、裏切りの促し（マタ二六50）と共通する動機を含んでいるだろう。いずれにしても、ヨハネにとってユダは、その裏切り行為の故にはじめから終わりまで「悪魔」（ヨハ六70）であり、「滅びの子」（一七12）であるが、それも聖書が成就されるための、イエス自身の積極的な促しのもとにあるのだ。ヨハネ福音書におけるイエスの最期の言葉「成し遂げられた」（一九30）がこのことを証ししているであろう。

ところが弟子たちには、イエスの促しの意味がわからなかった。ユダがイエス集団の「金庫番」だったので、イエスが過越祭に必要なものを買って来るようにとか、貧民に施してくるようにとか、言ったものと思い込んでいた。しかし、そうではない。ユダはイエスの促しに従って、パン切れを受け取ると、イエスをユダヤ当局に密告するために、「ただちに出て行った」。そして、その時は「夜」であった。ヨハネによれば、ユダはイエス物語の最後に「夜」を導入したのである。

その後イエスは、この世に「**残される人々が一つに守られるように**」という主旨の最後の祈りを献げる中で、ユダに、間接的にではあるが言及している（ヨハ一七11―13）。

[11]そして、私はもう世にいなくなり、彼らは世にいます。そしてこの私はあなたのもとに
赴こうとしています。
聖なる父よ、私たちが〔そうである〕ように、彼ら〔も〕一つであるよう、私に与えて下
さっているあなたの名のうちに、彼らを守って下さい。[12]彼らと共にいた時には、私に与
えて下さっているあなたの名のうちに、私が彼らを守り、保護しました。そして、彼らの
うちの誰も滅びませんでした。ただ滅びの子を別にしてでしたが、それは聖書が満たされ
るためでした。[13]今、私はあなたのもとに赴こうとしており、これらのことを世にあって
語っています。彼らが私の喜びを満ち溢れるものとして自らのうちに持つようになるため
です。

この祈りの中で、イエスがユダを「滅びの子」と呼び、イエスが「残される人々」を守って来たので、彼らのうちの誰も滅びなかったが、「滅びの子」だけは例外で、それは「聖書が満たされるため」であった、と言っている。この「聖書」というのは、おそらく前の文脈（ヨハ一三18）に言及されている、「**私のパンを食する者が私に向かってその踵を上げた**」とい

う詩篇四一篇10節を想起してここに付加されたものと思われる（ブルトマン『ヨハネの福音書』八八九頁、注二五一参照）。

ちなみに、「滅びの子」の「滅び」は、八章44節（「あなたがた（ユダヤ人）は悪魔という父親からのものであり、自分たちの父親の欲望を行ないたいと思っているのだ」）からみて、「悪魔」の隠喩と思われる。ユダは「悪魔」であり、イエスを拒否するユダヤ人と共に、「悪魔の子」で、「滅び」に定められている。

最後の祈りの後、イエスは弟子たちと共にケドロンの園へ行った（ヨハ一八1）。ヨハネ福音書では、ここでイエスが捕縛されることになる（一八2―13）。

2〔イエス〕を引き渡そうとしていたユダにも、その場所がわかっていた。イエスがその
弟子たちとたびたびそこで集まったからである。3そこでユダは、一隊の兵士および祭司
長たちやファリサイ派の人々から〔送られた〕下役たちを引き連れ、ともし火、たいま
つ、武器を携えてここにやって来る。
4さて、イエスは身の上に臨もうとしていることがすべてわかっていたので、出て行っ
た。そして彼らに言う、「誰を求めているのか」。5彼に答えた、「ナゾラ人イエスを」。彼
らに言う、「私〔なら、ここに〕いる」。彼を引き渡そうとしていたユダも、彼らと立って

いた。[6]さて、彼らに「私はいる」と言うと、人々は後ずさりして地面に倒れた。[7]そこ
で、彼らに再び問い直した、「誰を求めているのか」。彼らが言った、「ナゾラ人イエス
を」。[8]イエスが答えた、「〔私が自ら〕私〔はそれ〕であるとあなたがたに言った。だか
ら、私を求めているのなら、この人々は往《ゆ》かせてやりなさい」。[9]〔これは〕「あなたが私
に与えて下さっている人々を、そのうちの一人として失いませんでした」と言った、あの
ことばが満たされるためであった。
[10]ところが、シモン・ペトロは剣を持っていて、これを抜き、大祭司の僕に撃ってかか
り、その右の耳を切り落とした。その僕の名はマルホスであった。[11]すると、イエスはペ
トロに言った、「剣を鞘にしまいなさい。父が私に与えて下さっているこの杯は、それを
飲まずにすませられようか」。

この「捕縛」物語は、共観福音書のそれ（マコ一四43-52／マタ二六47-56／ルカ二二47-53）と並行するが、二つの点で大きく異なっている。

第一に、イエスを捕らえるために派遣された集団が、マルコ一四章43節／マタイ二六章47節ではユダヤ最高法院から遣わされた「群衆」、ルカ二二章52節では最高法院のメンバーであるのに対し、ヨハネ一八章3節では最高法院から遣わされた「下役たち」だけではなく、ローマ軍「一隊の兵士」（ローマ軍の一コホルス、六百人の歩兵隊）であり、ユダは彼らを

「引き連れ、ともし火、たいまつ、武器を携えて」ここにやって来た。ヨハネによれば、イエスとその一行に対する敵対勢力は、ユダヤの官憲だけではなく、当時ユダヤをその支配下に置いていたローマ軍団なのである。

第二に、ヨハネの記事には、イエスに対するユダによる「接吻」の場面（マコ一四45／マタ二六49／ルカ二二47）はなく、イエスとユダとのやりとりも、ヨハネ本文の場合はマタイ本文（二六50）よりも、ユダに対するイエスのイニシアティヴはさらに積極的である（ヨハ一八4－5）。そしてその際、ヨハネ福音書では「私はいる」あるいは「私はそれである」（いずれもギリシア語で egō eimi）というイエスの言葉（一八6、8）が目立つ。これは出エジプト記三章14節における、神名の啓示「私はある」に遡るイエスの神（の子）としての顕現定式であって、ヨハネ福音書におけるイエスの言葉に特徴的なものである。また、ヨハネ一八章9節のイエスの言葉「あなた（神）が私に与えて下さっている人々を、そのうちの一人として失いませんでした」もヨハネ福音書では繰り返しイエスによって語られている（六39、一〇28、一七12参照）。

ところで、イエスが捕らえられようとした時、剣を抜き、大祭司の僕に撃ちかかり、その片耳を切り落としたのは、マルコ一四章47節／マタイ二六章51節／ルカ二二章50節によれば、イエスの弟子たちのうちの「（誰か）一人」であるが、ヨハネ一八章10節ではそれが「ペトロ」と特定されており、また大祭司の僕の名も「マルホス」と明かされている。なお、彼が切られた「耳」が「右耳」とされている点では、ルカ二二章50節と一致している。注目すべきは、その時イエスがペトロに言った言葉、「剣を鞘にしまいなさい」（ヨハ一八11）であろう。この言葉は、先に指摘したように、マタイ二六章52節におけるイエスの言葉と一致している。ヨハネ福音書とマタイ福音書には相互関係が認められないだけに、この言葉は伝承に遡るであろう。

ただし、この言葉の意味づけは、マタイとヨハネでは異なっている。マタイ本文では、イエスに対する敵対勢力への反撃は、イエスが神に祈願すれば「十二軍団以上の御使いたち」が遣わされて十分にかなえられるのであるから、「剣は鞘に収めよ」と言っているのに対して（マタ二六53）、ヨハネ本文でこの句はイエスが無抵抗のまま捕らえられることによって、神がイエスに与えて下さっている死の杯は、それは飲まずにすまされない（ヨハ一八11）、つまりユダを介するイエスの逮捕と十字架刑は、神がイエスに与えた「定め」なのだ、という文脈におかれているのである。

この場面以降、ヨハネ福音書ではユダに言及されることがない。この点ではマルコ福音書の場合と同様に、ヨハネ福音書ではユダの死に関して一切言及していない。ただし、イエスが復活の後に顕現する相手は、ヨハネ福音書では、最初にマグダラのマリヤ（二〇11－18）、それから「ディデュモスと呼ばれるトマス」（二〇24）を除く十人の弟子たち（二〇19－23）、そして最後にこのトマスを含む十一人の弟子たち（二〇26―29）であって、イスカリオテのユダはもちろん含まれていない。ヨハネもまた、イエスの死の前にユダがこの世を去ったことを暗黙のうちに前提していよう。

いずれにしても、以上確認したように、ユダは福音書の中で、とりわけヨハネ福音書で最も強く「悪魔」化されていると同時に、このユダによる官憲へのイエスの「引き渡し」は、神の定めに従う、イエスの意思の結果であることもまた同時に最も強調されている。

II　使徒教父文書・新約聖書外典と『ユダの福音書』のユダ

第六章　正統と異端の境——使徒教父文書と新約聖書外典のユダ

これまで「正典」四福音書におけるユダ像の変遷をたどってきた。結果、イエスに対するユダの「裏切り」度合いは、最古のマルコ福音書から最新のヨハネ福音書に至るまで、それぞれの福音書の成立年代がくだるにしたがって濃くなっていて、ユダの「裏切り」に対するイエスの関わりにも変化が見られた。

マルコ福音書では、ユダがイエスを祭司長たちに「引き渡す」代償として彼らが彼に「銀貨を与えることを約束した」と言われているだけで、彼がそれを受け取ったか否かについては言及されていない（マコ一四10－11）。それに対してマタイ福音書になると、ユダはイエスを「引き渡す」ための代償を祭司長たちに要求し、その結果、彼らは彼に「銀貨三十枚」を支払った（マタ二六14－15）。他方ルカ福音書では、ユダは祭司長たちだけではなく、神殿守護長官たちとイエスを「引き渡す」方法を協議しており、彼らは彼に「銀貨を与えることで一致し」彼は「同意した」という（ルカ二二4－6）。

ルカ福音書とヨハネ福音書では、ユダがイエスを「裏切った」原因として、「サタンがユダに入った」（ルカ二二3、ヨハ一三27。一三2をも参照）と言われ、ヨハネ福音書ではユダが直接「悪魔」と名指されている（六70）。

ユダが金銭欲の故にイエスを裏切ったことは、すでにマタイ福音書およびルカ福音書における「ユダの裏切り場面」（マタ二六14―16、ルカ二三3―6）で示唆されているが、ヨハネ福音書になると、ユダは「盗人」であり、（イエス集団の）「金庫番」でありながら、その中身を「くすねていた」と言われている（一二6）。

他方、このようなユダに対してイエスは、マルコ福音書からヨハネ福音書に至るまで、一貫してその「裏切り」行為を予告しており、それは神の定めとしての「聖書」の成就と見ているが、この立場からのイエスによるユダに対する関わりは、福音書の成立年代がくだるにしたがって強くなっており、イエスのイニシアティヴはヨハネ福音書で最も前景に出る――ユダがイエスからパン切れを受け取った時、「サタンがこの人の中に入った」。そこでイエスは彼に言う、「しようとしていることを、早くしてしまえ」（ヨハ一三27）と。

このような「正典」四福音書におけるユダ像は、その後の時代、ようやく正統的教会（初期カトリック教会）と教会から排除される「異端的」分派が成立していく時代（二～四世紀）において、どのように受け継がれ、どのように変遷していくのであろうか。

以下において私たちは、この問いに対する答えを「使徒教父文書」と「新約聖書外典」を手がかりにして見いだしていくことにする。ちなみに筆者は、「使徒教父文書」について、その文書としての性格を次のように定義している（荒井献編『使徒教父文書』一一頁）。

使徒教父文書とは、新約聖書と教父文書の中間の時代に、ただし、新約聖書のうち比較的後期に成立した諸文書と、教父文書のうち初期に成立した諸文書と一部重なる時代に、キリスト教の正統的立場を何らかの意味で代表する人々によって著わされ、その多くが、伝統的には、時代的にも思想的にも、新約聖書に次ぐものとみなされた諸文書のことである。

これに対して、「新約聖書外典」については次のように定義している。なお、引用文には多少の補足を入れた（荒井献編『新約聖書外典』一七頁）。

新約聖書外典とは、正統的教会による「正典」（現行『新約聖書』所収の一七文書）結集の過程（三〜四世紀）において正典から排除された、あるいはその中から正典に採用されなかった諸文書であるが、内容的には正典と同一の価値を持つとの要求を掲げ、伝承様式・文学形式上正典に類似するか、あるいはこれを補足する傾向を有する諸文書のことである。

ただし、新約聖書「外典」の場合、それらは「正典」から除外された諸文書ではあるが、それを読むことを必ずしも禁じられていない文書と、それを禁じられている「異端」文書に区別される。前者には、とりわけ「外典行伝」が、後者には正統的教会から「異端」として排除された「グノーシス派」出自の諸文書が入る。特に前者の場合、もともと教会の信徒たち、特に一般大衆によって広く読まれていた。「使徒教父文書」は司教など教会指導者（後で言及する『ヘルマスの牧者』は例外）によって著作されたのに対し、「外典行伝」は無名の作家により「使徒たち」の偽名で書かれ、いずれも広義の教会員によって読まれたのである。

1 使徒教父文書におけるユダ

『ヘルマスの牧者』

この文書についての私の理解と位置づけはおよそ以下のようなものである（荒井献編『使徒教父文書』）。

第一に、巻頭から小説風の筆致が認められるばかりではなく、本書全体が黙示文学の形式をもって書かれている。すなわち、本書は三つの部分（五つのまぼろし、十二のいましめ、十のたとえ）から成っているのであるが、この中でヘルマスは、まず絶えず若返る老女の姿をしたエクレーシア（教会）から第一～第四のまぼろしを、次に牧者の姿をした天使から第五のまぼろし、十二のいましめ、十のたとえを、それぞれ開示され、その説明を受ける、という形式になっている。

第二に、本書の著者とされているヘルマス自身が特異な存在である。彼は、使徒教父文書の殆どすべての著者が当時の教会の指導者――クレメンス、イグナティオス、ポリュカルポス、パピアスの場合は司教――であるのに対して、おそらくローマ郊外に農園を所有する一般信徒であった。しかも、容易に罪を犯しやすい、信仰薄い小市民であった。（四七九頁）

さて、『牧者』は黙示文学の形式で書かれているが、ヘルマスにとっての主要問題は悔改めの告知である。しかもそれは、受洗の際の第一の悔改めの後に与えられる、第二の、しかもそれが最後の悔改めなのである。（四八二頁）

牧者はヘルマスに、第九のたとえにおいて、再び建てられつつある塔を示す。このたとえにおける塔は地上の教会を表わすものであろう。ここでは、一度悔改め諸徳を身につけて教会員になった信徒たちに対する、キリストによる信仰生活の再吟味、信仰薄い者に対する今一度の悔改めの告知が主題となっている。ここで洗礼は、それ以前に犯された罪を許す限りにおいて救いの土台とはなっているが、それ以後に犯された罪は、二度目の悔改めとそれにふさわしい倫理的生活を送ることによって以外に許されるものではない。この意味で、よき

られる。

業が決定的救済の条件となるのである。そして、この業の規準は「いましめ」を通して与えられる。（四八三頁）

この第九のたとえの中で、私たちの興味を引くのは、キリスト者の種々のグループと、それらのグループの悔い改めに対する立場をめぐる第六～第九のたとえの部分である。この部分にはユダに関する二つの暗示が見いだされるからである。

第一は、たとえⅧ（柳の木のたとえ）の中の「枯れて」虫によるものか傷のある枝のたとえ（ヘルマスの牧者四4）の解釈部分で「牧者」がヘルマスに次のように語っている箇所である（六4）。

よく聞きなさい。その枝が枯れて虫に食われた状態になっていた人々は、教会に背信し、それを裏切り、彼らの罪の故に主を冒瀆し、彼らに対して唱えられた主の名をなおも恥としている者共である（創四八16、アモ九12、ヤコ二7）。彼らは完全に神から離れ去った。おまえが見ているように、彼らは、わたしがおまえに勧め、おまえが彼らに語った言葉を聞いたにもかかわらず、彼らの中のただ一人も悔改めることをしなかった。このような者共からは、命が離れ去っている。

（拙訳『使徒教父文書』三九七頁）

この言葉の中の「それ（教会）を裏切る者」(prodotai) は、正典四福音書の中で唯一ルカが六章16節でユダに名づけた「裏切る者」、あるいは「売り渡す者」(prodotēs) の複数形である。しかも彼らは「悔改めることを」せず、彼らから「命が離れ去っている」。とすれば、これもまたルカ文書におけるユダの運命（使一18）を暗示していることになろう。『ヘルマスの牧者』（以下『牧者』と略記）のこの箇所ではユダが教会に対する「背信者」「裏切り者」の元型として示唆されていよう。

もう一ヵ所は、たとえIX（アルカディアの黒い山）の中の「第一の黒い山」のたとえ（ヘルマスの牧者一九1）についての解釈部分である。

　第一の黒い山からは、次のような信徒が出ている。すなわち、背教者、主を冒瀆する者、神の僕たちを裏切る者。彼らには悔改めの可能性はなく、死のみがある。彼らの種族は不法であるから。（同書四三四頁）

ここにも、「神の僕たちを裏切る者」が名指されている。「彼らには悔改めの可能性はなく、死のみがある」とすれば、この表現はマタイ福音書二七章3–5節におけるユダの縊死のことが暗示されているのであろうか。このマタイ本文では、前述のように、ユダの「後悔」に基づく罪の告白がなされている（マタ二七3–4）のであるが、『牧者』のこの箇所では、ユダの「(自)死」が「悔改めの可能性」を無にした、と解釈されているのであろうか。

『ポリュカルポスの殉教』

ポリュカルポスは二世紀前半に小アジアの一都市スミュルナの司教をしていた。彼がフィリピの信徒たちに宛てて書いた手紙(『ポリュカルポスの手紙』)が「使徒教父文書」に収録されている。彼は二世紀中期以降に、イエスがその敵対者と想定しているような「家の者たち」(マタ一〇36)の一人、ヘロデという人物によって裏切られ、殉教の死を遂げた。このことが彼の殉教物語『ポリュカルポスの殉教』の中で、次のように物語られている(六2)――「裏切り者どもはかの(イスカリオテの)ユダと同じに(神様から)罰を受けるさだめとなったのです」(田川建三訳、同書二三三頁)。

『パピアスの断片』

パピアスもまた、二世紀の前半に小アジアのフリュギアの都市ヒエラポリスで教会の司教であった人物で、長老ヨハネに師事し、またポリュカルポスと親交した。彼は一三〇～一四〇年頃、『主の言葉の説明』と題する五巻の書物を著したと言われる。しかし、この著作は現在残っておらず、他の人物の著作に出ているパピアスへの言及が集められて、『パピアスの断片』として公刊されているだけにすぎない。その中の『断片』三に、ユダの死について以下のような注目すべき報告が見いだされる。

[1]アポリナリオス（ヒエラポリスの司教——引用者）の（言葉）。ユダは首をくくって死んだのではなく、窒息する以前に下におろされて生きのびた。そして、使徒行伝は、彼はふくれあがり、腹が破裂して、その内臓が流れ出た、と述べている（一18）。この点をヨハネの弟子パピアスは、「主の言葉の説明」の中で次のように述べて、一層明瞭に報告している。

[2]「ユダは不信仰の代表的見本として、この世で生を送った。彼の肉体は大層ふくれあがったので、車が容易に通り抜けるところを、彼は、それもその頭すらも、通り抜けることができないほどであった。彼の目のまぶたは大変はれあがったので、彼は光を全く見ることができず、また医者が器具を使って彼の目を見ることもできないほどであったという。それ（＝目）は（彼の身体の）外表からこんなにも深く（おちこんで）いたのである。彼の恥部はあらゆる恥ずべきものよりも不愉快、かつ大きく見えた。そして、それを通して身体中から流れ集まる体液とうじ虫とが、ただ（身体の）必要性によって運び（出されて、恥ずべき有様（となっていた）。[3]彼は多くの責苦と（罪に対する）むくいと（をうけた）後で、自分自身の地所で死んだといわれる。その土地は（彼の）においのゆえに、今に至るまで荒れていて、人が住まない。また今日に至るまで誰も、鼻を手でふさがない

では、そのところを通りすぎることもできない。彼の肉を通して、地上で、このような流出がおこったのであった」。（佐竹明訳、同書二五五〜二五六頁）

この文書の1節で言及されているように、ヒエラポリスの司教アポリナリオスによれば、ユダは縊死したのではなく、死に至る前に首を吊った木から下に降ろされて、延命した。そして、パピアスは『主の言葉の説明』の中で、使徒行伝一章18節におけるユダの死に関するペトロの証言を、「一層明瞭に報告している」という。実際に、『パピアスの断片』の2節で報告されている、パピアスによるユダの最期についての極めてグロテスクな報告が、使徒行伝一章16-20節を下敷きにしていることは、ユダが「自分自身の地所で」死んだこと、また「その土地は……今に至るまで荒れていて、人が住まない」というコメントが使徒行伝一章20節に引用されている詩篇六九篇26節を前提していることで明らかであろう。つまり、両記事はいずれも、ユダが入手したといわれる地所の原因譚としてユダの死が物語られている点では共通している（この限りにおいてはマタイ二七章6節以下とも共通している）が、パピアスの報告はユダの死に関する使徒行伝一章16節以下を基にして拡張・拡大された猟奇的伝説とみて差し支えないであろう。いずれにしても、この報告は二世紀の正統的教会においてユダがどのように位置づけられていたかをみるために絶好の資料となる。

ここでユダの悲惨な死にざまは、「多くの責苦と（罪に対する）むくい」と意味づけられていることに注目したい。ユダの死は、罪に対する神罰なのである。

2　新約聖書外典におけるユダ

以下、二〜三世紀に成立したと想定される外典「使徒行伝」でユダに言及されている、あるいは彼を暗示している箇所を挙げておこう。

『ペトロ行伝』

ペトロは悪魔の業を聞いて、「心の奥底からの悲しみに打たれ」、「呻いた」という（八）——「お前は最初の人間（アダム——引用者）を欲の罠にかけ、悪と肉の鎖に縛り付けたばかりか、私の弟子仲間ユダを唆し、主イエス・キリストを裏切らせた」（小河陽訳、前掲『新約聖書外典』一八四頁）。

悪魔が「ユダを唆し、主イエス・キリストを裏切らせた」というのであるから、これは直接的にはヨハネ一三章2節（「悪魔はすでにイスカリオテのシモンの子ユダの心に彼（イエス）を引き渡そうと〔いう考えを〕吹き込んでいた」）を受けた、ペトロの「呻き」であろう。

『トマス行伝』

インド伝道の途上にある使徒トマスにサタンの化身である「蛇」が現れて、トマスに自らの素性を打ち明ける言葉の中に、次の一文が見いだされる——「わたしはユダを燃え上がらせ、（金銭をもって）買いとって、キリストを死に渡させた者である」（三二）。ここでは、先に挙げたヨハネ一三章2節の他に、ユダにサタンが入ったというルカ二二章3節およびヨハネ一三章27節、銀貨三十枚でイエスを売り渡したというマタイ二六章25節の証言が結合されている。

もう一ヵ所、トマスがインド王の近臣カリスの妻ミュグドニアの従者たちに向かって、「盗み」を避けるように戒める場面で、「これ（盗み）はイスカリオテのユダを誘惑して、首をくくるまでに至らせたのである」と記述されている（八四）（荒井献・柴田善家訳『新約外典』Ⅱ、二五九、三〇二頁）。

これはヨハネ福音書でユダが「盗人」といわれていることを典拠に（ヨハ一二6）、ユダの裏切りの原因は金銭欲にあり、その結果マタイの証言する「縊死」（マタ二七5）に至ったとしているのだろう。

『ヨハネ行伝』

キリストはヨハネなど弟子たちに、互いに手を取り合って輪になるように命じ、自らその中央に入って、「私の賛美を続けて、アーメンを答唱しなさい」と言い（ヨハネ行伝九四）、いわゆる「キリストの讃歌」を歌い始める。この讃歌の中で（九六44）キリストは次のように歌っている。

わたしはきみの神であり、
裏切る者の神ではない。

（大貫隆訳、前掲『新約外典』Ⅱ、一七八頁）

この「キリストの讃歌」は、ヨハネ行伝の著者が拠った伝承に遡り、それは元来グノーシス派の出自と言われている（大貫隆による『ヨハネ行伝』概説。前掲書、一二四頁参照）。しかし、ここでもし「きみの神」キリストが「裏切る者の神」悪魔と対立的に考えられているとすれば、これはむしろ正統的教会のユダ観に近く、少なくとも――次章で考察する――グノーシス派出自の『ユダの福音書』におけるユダ観とは対照的であろう。あるいはグノーシス派の中でもユダ観はアンビバレントであったのであろうか。あるいはこの箇所は、行伝編者による正統的教会の立場からの編集句なのであろうか。

以上のように、正典諸福音書後の時代（二～三世紀）に正統的教会の立場から著された「使徒教父文書」や「外典行伝」などでは、ユダは正統的教会から批判の対象となった、金銭欲の権化、教会を裏切る者、官憲への「密告者」の元型とされ、神によるおぞましい刑罰の対象として描かれている。

第七章　十三番目のダイモーン――『ユダの福音書』読解

1　古代教会の証言

『ユダの福音書』なるものが二世紀の中頃には存在していたことが、リヨンの司教エイレナイオスが一八〇年頃に著した『不当にもそう呼ばれている「グノーシス」の罪状立証とその反駁』（通称『異端反駁』）によって、証しされている。

さらに、ほかの人々が言っている、カインは上なる権威から来たのだ、と。そして彼らは、エサウ、コラ、ソドムの人々も、すべて自分たちと同族である、と告白している。それ故に彼らは創造主に憎まれたが、彼らのうちの誰も害を蒙《こうむ》らなかった、と言われる。すなわち、ソフィアが彼らから、彼女に属する者を自らに奪い返しているからである。そして、このことを裏切り者ユダもよく知っていた。そして（ほかの弟子たちの中で）彼のみが真理を知っていたので、裏切りの秘義を成し遂げた。彼によって天上のものと地上のものが解消されたのである、と言われる。彼らはこの種の虚構を作り上げて、それを「ユダの福音書」と呼んでいる。（『異端反駁』I, 31, 1）

エイレナイオスに続くいわゆる「反異端論者たち」（三～五世紀）――テオドレトス『異端者たちの作り話要綱』（I, 15）、偽テルトゥリアヌス『全異端反駁』（II, 5－6）、エピファニオス『薬籠』（38, I, 15）――は、エイレナイオスの証言における「彼ら」をいずれもグノーシス派の一分派「カイン派」と呼んでいる。

カインはアダムから生まれた長子であったが、創造神が自分の供物ではなく弟アベルの供物を受け入れたのを妬んで、弟を殺し、神に呪われる者となり、故郷を失って地上を彷徨う者となった（創四1－12）。エサウはイサクとリベカの息子で、自分の腹を満たすために「長子の権」を弟のヤコブに譲ってしまった（創二五27－34）。新約聖書で彼は「淫らなもの、俗っぽいもの」の象徴とされている（ヘブ一二16）。コラは荒野放浪の途中、仲間たちと一緒にモーセとアロンの主導権に対する反抗を企んだが、その一味と共に神の裁きにより滅ぼされた（民一六35）。新約時代、彼は教会への不穏分子の典型とされている（ユダ11）。ソドムはその住民と共に「非常に重い」「罪」（創一八20）によって神に滅ぼされた（創一九27－28）。結果、新約でもソドム（とゴモラ）は来るべき刑罰を予告する見せしめの範例とされている（ルカ一七29、ロマ九29、IIペトニ6、ユダ7）。

エイレナイオスによれば、この派に属する人々は、カインをはじめとして聖書では神に反抗して神により裁かれた存在を、「自分たちの同族」と告白した。この立場はグノーシス派による創造神の「悪魔化」と通底していよう。彼らによれば、もともと人間を創った創造神（デーミウールゴス）は、この神を超える至高神に由来する「霊魂」を「肉体」の中に閉じ込めたのである。この霊魂は「ソフィア」を介して人間に与えられた。したがって、ソフィアに依って「霊魂」を、創造神に由来する「肉体」から解放することが人間の救いとなる。この意味で、カインをはじめとして創造神に抗う存在が彼らと「同種族」なのである。

彼らと「同種族」のユダは、このことをよく知っていた。そして、イエスの弟子たちの中では彼のみが「真理」を知っていたので、「裏切りの秘義」（ラテン語で prodicitonis mysterium, ギリシア語で to tēs prodosias mystērion）を成し遂げた。反異端論者たちによって代表される正統的教会のメンバーからみれば「裏切り」であるユダの行為は、カイン派からみれば「秘義」（ミュステーリオン）なのである。ユダによって「天上のものと地上のもの」、すなわち創造神による被造物すべてが「解消」された。こうして、正統的教会の価値規準はグノーシス派によって無化されたのである。彼らはこのようなフィクションを作り上げて、それを『ユダの福音書』と呼んだ。

以上のようなことを、先にその名を挙げた反異端論者たちが、エイレナイオスの証言に適当な修正・補筆をして報告し、エイレナイオスの言う「ほかの人々」あるいは「彼ら」を

「カイン派」と呼んで、反駁の対象としている。

2　『ユダの福音書』の発見、本文の発表・公刊

しかし、この派の人々が作り上げたと言われる『ユダの福音書』そのものの本文を、私たちはごく最近まで読むことができなかったのである。そのコプト語本文と英訳が二〇〇六年四月にまずインターネットで、その後に英訳が傍注と解説付きで公刊された。その邦訳が『原典　ユダの福音書』（カッセル、マイヤー、ウルスト、アーマン編著、日経ナショナル　ジオグラフィック社、二〇〇六年六月）であり、コプト語本文の校訂本（英・仏訳付き）は現在進行中である。*

この福音書が発見されたのは、実は一九七〇年代、エジプト中部のミニヤー県においてであった。ただし、発見者も発見地も正確には特定されていない。『ユダの福音書』を含む一冊の写本（コーデックス）はおそらく墓地に隠されていたと想定されているだけである。

発見後、この写本は仲買人や美術商の手を転々として、アメリカからスイスに至るまで数奇な運命をたどり、最終的にはエジプト生まれでスイス・チューリッヒ在住の古美術商、フリーダ・ヌスバーガー゠チャコスによりスイスのマエケナス古美術財団に納められ、ナショナル　ジオグラフィック協会の資金援助によって公開・公刊された（この間のプロセスにつ

いて詳しくは、クロスニー『ユダの福音書を追え』およびロビンソン『ユダの秘密』参照。前掲『原典 ユダの福音書』所収のカッセル「チャコス写本と『ユダの福音書』」も参照）。

この写本は全体で六六頁から成り、その中には以下の四つの文書が含まれている。

①『フィリポに送ったペトロの手紙』（p.1−9）　ナグ・ハマディ写本（以下 NHC と略記）の VIII/2（『ナグ・ハマディ文書Ⅲ　説教・書簡』に拙訳所収）とほぼ同じ内容。

②『ヤコブ』（p.10−32）　NHC V/3『ヤコブの黙示録　一』（『ナグ・ハマディ文書Ⅳ　黙示録』に拙訳所収）とほぼ同じ内容。

③『ユダの福音書』（p.33−58）

④『アロゲネース』（p.59−66）　NHC XI/3『アロゲネース』とは内容的に異なる。

本『福音書』は、これらの中の③にあたる。

＊　この校訂本は二〇〇七年に出版され、これを底本とする私訳も公刊されている（本書の「はじめに」への追記参照）。

3　反異端論者の証言と新発見の『ユダの福音書』

もっとも、この『ユダの福音書』と反異端論者たちが反駁の対象としている「『ユダの福音書』」が同一の作品であるか否かは、必ずしも明らかではない。この後で詳しくその内容が紹介される新発見の『ユダの福音書』には、一度もカインの名もカインと「同種族」の名も言及されていないのである。また、反異端論者たちが言及している、「同種族」の人々に対するソフィアの積極的役割は、新発見の福音書の中には見いだされない。

しかし第一に、『ユダの福音書』という表題（新発見の福音書では本文の末尾に「後書き」されている）が目立つ。なぜなら、多くの場合「外典」の福音書にも、「正典」の福音書の場合と同様に、「……による福音書」と、福音書の著者名（もっとも、多くの場合偽名）が表記されているのに対して、当福音書の表題は『ユダの福音書』とだけ表記されているからである。この点で、反異端論者たちによって反駁されている「福音書」と当『福音書』は表題の表記が同一なのである。

第二に、新発見の『ユダの福音書』でも「あの（聖なる）世代」と「人間の（後の）世代」は区別されており（43, 44, 47）、前者は反異端論者のいわゆる「カインの種族」と同様に、ユダによって代表されている。

第三に、新発見の『福音書』においても、創造神の被造である「宇宙」は「破滅」と見なされている（50）。

第四に、新発見の『福音書』においては、ユダがイエスをユダヤ当局に「引き渡す」（これにあたるギリシア語 paradidōmi が一般的に「裏切る」と訳されている）行為は、イエスの本質（霊魂）をその肉体から解放して、それを人間救済の元型たらしめる救済行為である

(56−58)。それは「秘義」とは言われていないが、イエスの「告知の隠された言葉」(33)の究極である。しかも、福音書の冒頭で、イエスは弟子たちと、「この世を超えた秘義」(33)について話し始めた、と言われている(「私(イエス)はお前(ユダ)に御国の秘義を明らかにした」〔45〕をも参照)。

こうしてみると、反異端論者たちによって反駁された「ユダの福音書」と新発見の『ユダの福音書』は同じ福音書であった可能性も否定し切れないであろう。エイレナイオスの場合のように、カイン派の教説を「人々が言っている」とか、「……といわれている」という表現で伝えているところから想定して、彼らがそれを実際に読んだのではなく、その内容を伝聞あるいは二次資料によって知ったとも想定されよう。しかも――後で確認するように――本書がグノーシス派の一分派「セツ派」の出自であるとすれば、セツ派と「カイン派」はその教説において共通する部分が多いのである。なお、前掲『原典 ユダの福音書』所収のウルスト「リヨンのエイレナイオスと『ユダの福音書』」は、両福音書を「同じものであると断定してよいだろう」と断言している(p.153)。

もしも『ユダの福音書』が、エイレナイオスによって反駁の対象とされている福音書であるとすれば、これは『異端反駁』の著作年代(一八〇年頃)よりも前には公にされていたことになる。他方、当福音書は使徒行伝(九〇年代に成立)における、ユダの脱落によって欠けた十二使徒の一人を補う「補欠選挙」の記事(使徒一15-26)を知っている(36)。とすれば、この福音書は紀元後二世紀の中頃には公にされていたことになるであろう。

ところで、新発見の福音書はコプト語で書かれており、他の三文書を含むチャコス写本は、放射性炭素による年代測定の結果、二八〇年プラス・マイナス六十年の間に作成されたものであることが確認されている。そして、この測定結果は、写本の装丁やカートナージ(写本の表紙を補強するためにその裏側に張られた厚紙表装)、さらにはコプト語の書体などによって裏づけられている。

他方、このコプト語本文には、ナグ・ハマディ写本所収の諸文書の場合とほぼ同様に、ギリシア語からの借用語が数多く見いだされるなどの理由で、その原本はギリシア語で書かれていたもの(つまり現行本文はギリシア語からのコプト語訳)と想定される。そして、エピファニオスなどが挙げているギリシア語の表題 euaggelion tou Iouda「ユダの福音書」(エイレナイオス『異端反駁』の当該箇所はラテン語本文のみ残っており、タイトルは Judae euangelium)が当福音書に後書きされているコプト語タイトル peuaggelion iñioudas (p-は定冠詞。euaggelion はギリシア語からの借用語。in は属格を表す付加語)と語順まで一致しているのである。

4 『ユダの福音書』の文学形式と宇宙・人間論

序

さて、この福音書は次のような「序」をもって書き出されている(33)。

イエスが、過越祭を祝う三日前、八日の間に、イスカリオテのユダと語った、告知の隠された言葉。

(以下の邦訳は、『原典 ユダの福音書』所収の邦訳を下敷きにして、若干の箇所に筆者がコプト語本文に基づき適当な修正を加えたもの)

共観福音書によれば、イエスがエルサレムに上った日(日曜日)から、過越祭の食事を弟子たちと共にとった後に、ユダヤの最高法院から遣わされた群衆によって逮捕され、最高法院のメンバーに「引き渡され」、大祭司の訊問を受け、ローマ帝国のユダヤ総督ピラトゥスによって死刑の判決を下され、十字架刑に処せられて、復活した日(日曜日)までの間が「八日間」とされている。当福音書によれば、イエスはこの八日の間の、過越祭の三日前にユダと対話して、「告知の隠された言葉」を語った。

グノーシス派出自の福音書は、多くの場合、(復活の)イエスと弟子たち、とりわけその中の一人、あるいはグノーシス派の指導者の一人との「対話」の形式で、イエスが彼らに「隠された言葉」あるいは「隠された教え」(ギリシア語で「アポクリュフォン」)を啓示するという文学形式で著されている。この文学形式は、グノーシス派の教説が、マタイ、マルコ、ルカ、ヨハネの名によってすでに書かれている「正典」諸福音書におけるイエスの教説を超えて、直接イエス自身に遡り、しかもグノーシス者だけに啓示された「秘教」であることを強調するために選び出された形式と想定される。

当福音書では生前のイエスがユダに語った、「(告知の)隠された言葉」と言われている限りにおいて、『トマスによる福音書』における「序」と類似している――「これは生けるイエスが語った、隠された言葉である」(もっとも、『トマスによる福音書』ではこの後に、「そして、ディデュモス・ユダ・トマスが書き記した」と言われている)。

いずれにしても「過越祭を祝う三日前」という、イエスがユダに語ったと言われる「告知の隠された言葉」の日取りは、あるいはマタイ福音書二六章1―2節を意識しているのかもしれない。ここでイエスは、オリーブ山上において弟子たちに長いメッセージ(マタ二四3―二五46)を伝えた後に、次のように記されている。「イエスはこれらの言葉をすべて語り終えた時、彼の弟子たちに言った、『あなたたちも知っている通り、二日後には過越祭がやって来る。すると〈人の子〉は、十字架につけられるために引き渡される』」。しかも『ユダの福音書』にも、「序」の後にイエスはまず「弟子たちと、この世を超えた秘義について、また終わりに起こることについて話し始めた」と言われている。

「子ども」として

これに継いで、「しばしばイエスはそのままの姿で弟子たちに現れず、一人の子どもとして弟子たちの中にいた」とコメントされている。「子ども」はグノーシス派において人間の「理想形」である（『トマスによる福音書』4参照）だけに、イエスはしばしば子どもとして現れる（『ヨハネのアポクリュフォン』NHC II/1, 2、『パウロの黙示録』18、ヒッポリュトス『全異端反駁』VI, 42, 2など）。

感謝の祈り、あるいは聖餐式

さて、イエスは弟子たちが集まって「信仰の訓練」を行なっているのをみかける。彼らは集合して座り、「パンに感謝の祈りを唱え」、いわゆる聖餐式を行なっていたのである。

イエス、笑う

イエスは弟子たちに近づくと、「笑った」（『ユダの福音書』34）。

この場合の「笑う」は、後の文脈から見て、イエスは（正統的教会を代表する）弟子たちの執行する聖餐式を批判しているのであるから、「あざ笑う」ほどの意味になろう。当福音書においてイエスは、この箇所以外にも、三度笑っている（36, 44, 55）。いずれの場合も、批判を込めた笑いであり、この種の笑いはグノーシス派出自の文書の特徴である（『大いなるセツの第二の教え』NHC VII/2, 56、『ペトロの黙示録』NHC VII/3, 81参照)。

弟子たちが、イエスが笑う意味を問うたのに対して、イエスは弟子たちが自分たちの「神」を祈りによって賛美しているからだ、と答える。ここでイエスは正統的教会を代表する「弟子たち」の「神」、つまり「創造神」を否定している(36. 39をも参照)。しかもイエスは、「あなたは神の子です」と言う弟子たちの告白を退け、「あなたがたの間にいる人々のどの世代にも、私がわからないであろう」と言う。

「ほかの世代」と「聖なる世代」

『ユダの福音書』において、「弟子たち」もそれに連なる「人間の世代」(43)、「後の世代」(46)は、「不滅のセツ」(49)に由来する「聖なる世代」(36, 44, 46)、「あの世代」(36, 37, 57)、「あれらの世代」(54)、「大いなる世代」(58)と本質的に区別されており、前者はイエスの本性を知らず、後者のみが——当福音書ではユダがその代表——それを知っている。これが、「セツ派」と自称するグノーシス派の一つの特徴であると言われる(前掲『原典 ユダの福音書』二六頁、注一二参照)。

「完全なる人間」

このようなイエスの答えに腹を立てた弟子たちに対して、イエスは、「あなたがたの内にある、［勇気ある］完全なる人間を取り出して、私の眼前に立たせなさい」と言う(35)。この場合の「完全なる人間」とは、人間の本質をなす「本来的自己」のことであろう(「完全なる人間」については、『マリヤによる福音書』(18)――「われわれは……完全なる人間を着て、彼(イエス)がわれわれに命じたそのやり方で、自分のために(完全なる人間)を生み出すべきであり、福音を宣べるべきである」(『ナグ・ハマディ文書II 福音書』一二四頁)参照)。しかし、弟子たちはイエスの前に立つことができず、それができたのはユダだけであった。そして、このユダがイエスに告白する。

ユダの告白

あなたが誰か、どこから来たのか、私は知っています。あなたは不死のアイオーン、(すなわち)バルベーローからやって来ました。私にはあなたを遣わした方の名前を口に出すだけの価値がありません。(35)

このような、イエスに対するユダの告白の中に、『ユダの福音書』におけるイエス理解とユダ観を含むグノーシス思想全体が凝縮されているように思われる。

まず、人間の本質、すなわち人間とは何者で何に由来するかを「知ること」(ギリシア語で「グノーシス」)がグノーシス派にとって「救済」なのである。しかも、イエスはグノーシス派において——そして当福音書においても——人間の元型である。後の文脈で、ユダがそれに連なる「不滅のセツ［の世代］」(49) は、「キリスト」と呼ばれ (52)、「真の私（イエス）」は——後（本書一八三頁）で確認するように——、その「私」を「担う人間」の本質と見なされている (56)。そして、この「真の私」こそが、人間の本来的自己を意味する「完全なる人間」なのである。

次に、この意味におけるイエスは、「不死のアイオーン、バルベーローから来た」と言われる。「アイオーン」は元来ギリシア語で、（ある一定の長さの）「時、時代、世代」の意味であるが、グノーシス神話では、至高神の最初の自己思惟、あるいはこの思惟から流出し、「プレーローマ」の中に充満する、擬人化された神的存在である。ここでは「不死のアイオーン」と呼ばれ、「プレーローマ」と同一視されているので、上記「至高神の最初の自己思惟」として生成した神的存在を指していよう。

「バルベーロー」については、次のように解説されている（『ナグ・ハマディ文書Ⅰ　救済神話』「補注　用語解説」一五頁）。

いくつかのグノーシス主義救済神話において、至高神の最初の自己思惟として生成する神的存在。『ヨハネのアポクリュフォン』§13では「プロノイア」「第一の人間」「万物の母体」「母父」とも呼ばれ、神話の隠れた主人公の一人であり、最後に §80で自己自身を啓示する。『三体のプローテンノイア』XIII, 38, 8–9ではプローテンノイアの別名で登場する（『エジプト人の福音書』§6他も参照）。エイレナイオス『異端反駁』I, 29, 1–4は『ヨハネのアポクリュフォン』§13—44に相当する部分を要約的に報告して、それを「バルベーロー派」の神話だと言う。しかし、その「バルベーロー派」の歴史的実態については、やはりエイレナイオスによって報告されるセツ派などの他のグノーシス主義グループの場合と同様、詳しいことは分からない。「バルベーロー」(Barbêlô) の語源・語義については、伝統的にヘブル語で「四つの中に神在り」(b’arbba‘ ’^{e}lôha) の意の文を固有名詞化したものだとされてきた（この場合、「四」とはプレーローマの最上位に位置する四つの神的存在、テトラクテュスのこと）。しかし最近では、コプト語ないしそれ以前のエジプト語で「発出」を意味する「ベルビル」(berbir) と「大いなる」の意の「オー」とから成る合成語で、「大いなる発出」の意味だとする仮説が唱えられている。

セツ派

以上の解説では、「バルベーロー派」についても「セツ派」についても、その歴史的実態を特定していない。しかし最近では、「バルベーロー派」をも「セツ派」に含めて、前記『ヨハネのアポクリュフォン』『エジプト人の福音書』『アダムの黙示録』『アルコーンの本質』『セツの三つの柱』『ゾストゥリアノス』『メルキゼデク』『ノレアの思想』『マルサネース』『アロゲネース』（以上、いずれもナグ・ハマディ文書）などと一括して、「セツ派」に分類されている。そして、例えばジョン・ターナーは、セツ派の思想の宇宙論に登場する人物を次のように要約している。

セツ派の物語はその多くが、「父」「母」「子」という至高の三形態から成る最上位層を舞台にしている。この三形態を構成するのは「見えざる霊」「バルベーロー」神聖なる「アウトゲネース」だ。「見えざる霊」は、それ自身の存在すら超越しているように見えるが、バルベーロー自身の思いを映し出したものであり、本来的にバルベーローに起因するものだ。「子」は、それ自身の力もしくは「父」の光が放つ閃光をきっかけに、バルベーローから自力で生じる（アウトゲネース）。「子」は、「四つの光り輝くもの」とそれに付随するアイオーンを中心に構成されたこの至高の領域の秩序を守る責任を負っている。その下に生成する世界は、「見えざる霊」を、その同意を得ずに独力で具現化しようとしたソフィアの勝手な企てから生まれたとするのが通例だ。セツ派の書の多くに記されているように、この企てから生まれた子が奇形のアルコーン、すなわちこの物質世界の創造主である。

（J. D. Turner, *Sethian Gnosticism and the Platonic Tradition*, p. 85. 前掲『原典 ユダの福音書』一六一〜一六二頁より一部訂正の上引用）

さて、イエスに対するユダの告白は、次の句で終わっていた――「私にはあなたを遣わした方の名前を口に出すだけの価値がありません」。ここでユダが、その「名前を口に出すだけの価値がありません」と言う「あなたを遣わした方」は、右に引用したセツ派の物語の「最上位層」三形態のトップ、「父」あるいは「見えざる霊」(『ヨハネのアポクリュフォン』NHC II, 2-3)に当たるであろう。

見えざる霊

イエスはユダに言う。

［来なさい］、いまだかつて何びとも目にした［ことの］ない［秘義］をお前に教えよう。それは果てしなく広がる御国だ。［そこ］は天使たちでさえ見たことがないほど広大で、［一つの］目には見えない［霊］がある。

そこは天使も見たことがなく、
いかなる心の思念によっても理解されず、
いかなる名前でも呼ばれたことがない。 (47)

この言葉の最後の三行は、『トマスによる福音書』（17）でイエスの教えの秘義性に適用されているが（Iコリ二9をも参照）、ここでは偉大なる「見えざる［霊］」の説明に用いられている。

アウトゲネース

そして、これに継いでイエスは、「大いなる天使、光り輝く神なる、自ら生まれた者が雲の中から現れた。彼のゆえに、さらに四人の天使が別の雲から生じ、天上にある自ら生まれた者（アウトゲネース）の仕え手となった」と言う。この「アウトゲネース」は、セツ派の文書では「バルベーロー」から生じたものを意味し、「子」の自立性を強調するものである。

これに継いでイエスは、四人の天使が「アウトゲネース」を介して誕生する様について語っている（48）。この四人の天使は、他のセツ派の物語（『ヨハネのアポクリュフォン』§23、『エジプト人の福音書』§23、『三体のプローテンノイア』XIII, 38, 33-39, 15、『アルコーンの本質』§18など）では、ハルモゼール、オーロイアエール、ダヴェイタイ、エレーレートという名前が与えられ、当福音書と同じように、アウトゲネースに「仕える者」とされている。

ソフィア

「ソフィア」については、『ユダの福音書』でただ一ヵ所、「堕落しがちなソフィア」という表現が出てくるだけで（44）、その詳細は不明である。もっとも、この後の本文欠落部分に続いて、「死を免れない人々を造り出した手」という表現があり（44）、ここにソフィアとこの世の創造神との関係が暗示されているのかもしれない。

ヤルダバオート

『ユダの福音書』には、創造神（デーミウールゴス）が「ネブロ」あるいは「ヤルダバオート」と呼ばれて登場する（51）。セツ派の諸文書でこの存在は、プレーローマの中で「ソフィア」の過失から生まれた子であるが（『ヨハネのアポクリュフォン』§35、『三体のプローテンノイア』XIII, 39, 27–28）、この福音書ではこのソフィアとヤルダバオートとの関係も明記されていない。ただ、彼の残忍さは、「その顔は炎で輝き、その姿は血で汚れている」という表現（51）で認識されていよう。この「ヤルダバオート」は一般的には「混沌の子」を意味すると言われている。

人間の創造

『ユダの福音書』では、この創造神が「サクラス」の名で人間を創るさまが次のように記されている。

サクラスは彼の天使に向かって、「我々の姿かたちをそっくりまねて人間を造ろう」と言った。彼らはアダムとその妻エバを造り上げた。エバはその雲の中でゾーエーと呼ばれる。この名によってすべての世代が男を求め、彼らのそれぞれが女をそれらの名で呼ぶからである。さて、サクラ（ス）は命［じ……］なかった。その世［代］を除いて［……］この［……］。そして［支配者］はアダムに言った。「お前は生き長らえ、子供たちを残すだろう」。（52－53）

ここでは創造神が創世記一章26節に従ってアダムとエバを造っているが、アダム―創造神―至高神の関係が、この箇所に破損箇所が多いこともあって、必ずしも明らかではない。もしここで言及されている「［支配者］」が至高神であるとすれば（この後の文脈からみてその可能性は高い）、「我々の姿かたち」の「我々」の中に至高神も入っていると考えられているのかもしれない。とすれば、ここで「アダム」は、至高神と共に共存し、「不滅のセツの［世代］」を出現させた「アダマス」（49）と同一視されていよう。

この後に次のような問答が続いている。

ユダはイエスに言った、「人間は［どれほど］長く生きるのでしょうか」。

イエスは言った、「お前はなぜそのことを思い煩うのか。アダムが彼の世代と共に、御国を受け取った場所で、その支配者と共に末永く生きたということを」。
ユダはイエスに言った、「人間の霊は死ぬのでしょうか」。
イエスは言った、「神がミカエルに、人々に霊を質として与えて、奉仕させるように命じたのはそのためである。しかし大いなる者はガブリエルに、誰も支配されない大いなる世代に、霊――すなわち霊と魂――を与えるように命じた」。(53)

ここで、「霊――すなわち霊と魂」を与えられているのは、「誰も支配されない大いなる世代」に属する人々である。

ところで、人間は、先に確認したように「あの世代」に属する者と「人間の世代」に属する者のII系列に区別されていた。前者については、イエスがユダの質問に答えて次のように言っている。

あらゆる人間の世代の魂は死ぬ。しかし、これらの人々は、地上の時を終え、霊がその人たちから去る時、肉体が死ぬのであって、その魂は死なず、天へと引き上げられる。(43)

これに対して、「では、ほかの人間の世代はどうなるでしょうか」というユダの質問に対してイエスは、「[岩]に蒔いた種から実りを収穫することはできない」と答えており(44)、その後は、破損箇所の間に、「堕落しがちなソフィア」「死を免れない人々を造り出した手」が読み取られるだけである。あるいは、「ほかの世代」はソフィアの子ヤルダバオートの被造であり、彼らは「死を免れない」ということであろうか。

なお、『ヨハネのアポクリュフォン』では、至高神(「万物の父」「大地の人間」)にかたどって造られたアダムと創造神(ヤルダバオート)や、彼らの支配下にある諸力にかたどって造られたアダムとが区別されている。

一つの声が崇高なるアイオーンから届いた、「『人間』と『人間の子』が存在する」と。ところが、これを第一のアルコーン・ヤルダバオートが聞いたが、彼はその声が彼の母親から来たものだと考えた。そして、それがどこから来たものなのか認識しなかった。そして、聖なる母父、また、完全なる者、完全なるプロノイア、見えざる者の影像、とはすなわち、万物の父、とはつまり、万物がその中に成った者、第一の人間が彼らを教えた。なぜなら彼は自分の形を立像のかたちで現したからである。

すると第一のアルコーンのアイオーン全体が震えた。そして下界の基盤が揺れ動いた。そして、物質の上に在る水を通して、その下側が、今現れてきた彼の影像の[土

7 ］によって［輝い］た。［そし］てすべての諸力と第一のアルコーンが目を見張ったとき、彼らは下界の側の全域が輝いているのを見た。そして彼らはその光を通して、水の中にその影像のかたちを認めた。
そして彼は自分の下にいる諸力たちに言った、「来なさい。われわれは神の像に従って、また、われわれの外見に従って人間を造ろう。それは彼の像がわれわれにとって光となるためである」。

(II, 14, 13–34 ; II, 15, 1–4.『ナグ・ハマディ文書Ｉ　救済神話』七〇〜七三頁)

星

さて、『ユダの福音書』におけるユダの位置づけとのかかわりにおいて注目すべきは、「星々」とりわけ「星」が重視されている点である。

グノーシス派、その中のセツ派においてもまた、星辰はこの派の「反宇宙的二元論」から、人間の運命を支配する「諸権威」あるいは「諸権力」として否定的に評価される場合が多い。この限りにおいては、『ユダの福音書』でも部分的には例外ではない。例えば、イエスは「星（々）」について次のように言っている。

星々の天使の軍勢も、あの世代を支配することはできない。　(37)

星の世代……は私の名によって、恥ずべきやり方で、実のならない木を植えた。（39）

ユダよ、お前の星はお前を道に迷わせてしまった。（45）

私はお前に御国の秘義を明かし、星々の誤りについて教えた。（45–46. 55をも参照）

しかし他方、『ユダの福音書』でイエスは、弟子たちに「あなたがたおのおのに自分の星がある」（42）と言い、とりわけユダに次のように宣言している。


あなたの星を十［三］番目のアイオーンの上に［……］だろう。（55）

お前の星は明るく輝く。（56）

皆を導くあの星がお前の星だ。（57）


そしてこの「星」と、『ユダの福音書』では人間の本質的要素として最大限に評価されている「魂」との関係は、本文の上では必ずしも明確ではない。しかし、もしこの両者が等置されているとすれば（43参照）、これはプラトンの星、魂、世界の創造に関する見解に通底している可能性があろう。この関連でマイヤーは前掲『原典 ユダの福音書』（一八五頁）にプラトン『ティマイオス』（41d–42b）を引用している。

こう言って、神は、前に万有の魂を調合して混ぜ合わせるのに使ったあの杯にもう一度向かって、それへ、前回に使った材料の残りを注ぎ入れました。そしてこの時も、何か以前と同じような方法で混ぜ合わせたのですが、しかし、今度はもはや、前と同じほど純粋な仕方においてではなく、それは純度において、二段も三段も劣るものだったのです。そして、全体を構成してしまうと、それを星と同じ数だけの魂に分割し、それぞれの魂をそれぞれの星に割り当て、ちょうど馬車にでも乗せるようにして乗せると、この万有の本来の相《すがた》を示して、かれらに運命として定められた掟を告げたのです。——すなわち、初代の出生は、すべての魂に対してただ一種のもののみが指定されるであろうが、それはいかなる魂も神によって不利な扱いを受けることのないためである。そして、魂はそれぞれにとってしかるべき、各々の時間表示の機関（惑星）へと蒔かれ、生けるもののうちでも、敬神の念最も篤きもの（人間）に生まれなければならない。しかし、人間の性には二通りあるが、そのすぐれたほうのものは、後にはまた「男」と呼ばれているであろうような種類のものである。

（中略）

そして、しかるべき時間を立派に生きたものは、自分の伴侶なる星の住処に帰って、幸福な、生来の性にあった生活をすることになるであろう。

（『プラトン全集』第一二巻、種山恭子訳、岩波書店、五七〜五八頁）

5　『ユダの福音書』におけるユダとイエス

以上のような『ユダの福音書』に前提されている宇宙論や人間理解を踏まえた上で、この福音書におけるユダとイエスとのユニークな関係について、最後に考察することにしよう。

ユダはイエスによる「告知の隠された言葉」の受け取り手とされている（『ユダの福音書』33）だけではない。ユダはイエスによって他の弟子たち「十二人」と本質的に区別されている。

まずこの福音書では、ユダが十二人の弟子たちから去った後、一人が補欠されて、再び「十二人」になっていること（使一15−26）が前提されている。

イエスがユダに言う。

ほかの者から離れなさい。そうすれば、御国の秘密を授けよう。お前はそこに達することはできるが、大いに嘆くことになるだろう。十二［の使徒］が再び全員揃って神と共にあるために、誰かほかの者がお前に取って代わるからだ。（35−36）

十三番目としてのユダ

ユダはこの「十二人」の使徒たちを否定的に超えた「十三番目の神霊」なのである(44)。ここで「神霊」と訳されたギリシア語からの借用語 daimōn も、プラトンが『饗宴』(202e−203a)で証言しているソクラテスの「神霊」を想起させる(『原典 ユダの福音書』四七頁、注九参照)。

「偉大な神霊(ダイモーン)ですよ、ソクラテス。そして神霊的なものはすべて神と死すべきものの中間にあるからです」。

で、ぼくは言った、

「どんな働きを持つものなのです」。

「神々へは人間からのものを、また人間へは神々からのものを伝達し送り届けます。つまり、人間からは祈願と犠牲とを、神々からはその命令とさらには犠牲の返しとを。そして、これら両者の真中にあって、その空隙《くうげき》を充たし、世界の万有が一つの結合体であるようにとしている者です。また、すべての卜占術にしても、さらには、犠牲式、秘儀、呪禁《まじない》、あらゆる予言と魔術――それらのものに携わる聖職者の術にしても、すべて事が運ぶのは、この、神霊を通してのことなのです。神は、人間と直接交るのではなく、神々における人間との交際と対話とは――相手の人間が目醒めているときでも、眠っている間でも――すべてこの者を通してなのです」。

（『プラトン全集』第五巻、鈴木照雄訳、岩波書店、七八～七九頁）

さらに、イエスは言う。

お前は十三番目となり、のちの世代の非難の的となり――そして彼らの上に君臨するだろう。最後の日々には、聖なる［世代］のもとに引き上げられるお前を彼らは罵ることだろう。（46）

ユダが「のちの世代の非難の的となるだろう」とは、正典四福音書、使徒行伝、使徒教父文書、外典行伝などにおけるユダへの批判的言辞の事後予言であるかもしれない。「罵る」とは、反異端論者たちに集約される「反駁」か。

すべての弟子たちを超えるユダ

『ユダの福音書』の終幕近くで、ユダがイエスに質問している。

あなたの名によって洗礼を受けた者たち（正統的教会に所属する人々）はどうするつもりでしょうか。（55）

これに対するイエスの答えは、破損箇所が多くて正確に読み取ることはできない。ただ、「サクラス（創造神ヤルダバオートの別名）に犠牲を献げる人々」に言及されている（56）ところから、イエスは教会に所属する人々に何らかの批判をしているのだろうと推定はできよう。その上でイエスは、次のようにユダに言う。

だが、お前はすべての弟子たちを超える存在になるであろう。なぜなら、お前は真の私を担う人間を犠牲にするであろうから。（56）

すでに指摘したように、イエスは至高神としての「見えざる霊」（47）→「アダマス」（48）→「不滅のセツの世代」（49）を代表し、「セツ」と同一化される「キリスト」なのである（52）から、この言葉における「真の私」とは、この「世代」に連なる人間の本質をなす「完全なる人間」（35）のことである。そして、「真の私」＝「完全なる人間」は「霊魂」であり、これに対して、この「真の私を担う人間」とは「肉体」のことなのである。このことは、先に考察した次のイエスの言葉（43）からみても明らかであろう――「あらゆる人間の世代の魂は死ぬ。しかし、これらの人々（「あの世代」＝「不滅のセツの世代」に属する人々）は、地上の時を終え、霊がその人たちから去る時、肉体が死ぬのであって、その魂は死なず、天へと引き上げられる」(53をも参照)。

ちなみに、『ユダの福音書』と同じ「セツ派」出自の『三体のプローテンノイア』においても、「私(ロゴス)はイエスを着た」と言われている(§33)。この場合の「私」は「真の私」に、イエスは「私を担う人間」に、それぞれ当たるであろう。しかも、「担う」と訳したギリシア語からの借用語 pherō は「着る」をも意味する。

イエスは要するにここで、ユダはイエスの肉体(イエスを「担う人間」)を「犠牲に」して死に「引き渡し」、そうすることによってイエスの霊魂を「真の私」「完全なる人間」(35)たらしめるであろう、と予告している。こうして、ユダは「すべての弟子たちを超える存在になるであろう」と言う。実際ユダは、この後の文脈で「皆を導く」「星」となり(57)、イエス(の肉体)を「律法学者たち」に「引き渡した」(58)と言われる。この間の本文の前半(57)は次の通りである。

ユダは目を上げると明るく輝く雲を見つめた。
そして彼(イエス?)はその中へと入っていった。地上に立っていた人々に、雲の中から声が聞こえた。声は言った。[……]大いなる世代[……]……像[……][——以下五行欠落——]。

(57-58)

ユダの変容？

まず、『原典　ユダの福音書』におけるこの箇所の邦訳と傍注、さらにはマイヤーの解説には、筆者からみると、問題があるように思われる。この書の邦訳（七〇頁）では、「皆を導くあの星が、お前の星だ」で改行されており、これに続く新しい段落の一行目が次のように訳されている。

ユダは目を上げると明るく輝く雲を見つめ、その中へと入っていった。

そして、「ユダは……その中へと入っていった」について、注九に以下のような説明が記されている。

この個所は「ユダの変容」とも呼べるだろう。輝く雲の中で栄光を与えられることによって、また雲の中から聞こえる声によって、ユダは名誉を取り戻す。イエス変容の記事（マタ一七1–8、マコ九2–8、ルカ九28–36、およびチャコス写本の『ユダの福音書』の直後に収められた『アロゲネース』61–62を参照）と同様、ユダは高みにある輝く雲の中に入り、神の声が聞こえる。

またマイヤーは、この箇所について、ユダは「まさに光り輝く雲の中で変容を遂げる」と解説している（『原典 ユダの福音書』一七九頁）。

しかし、コプト語本文にはもちろん改行はなく（改行は近現代語訳者の解釈に基づく）、「ユダは目を上げると明るく輝く雲を見つめ、その中へと入っていった」と訳されている文章は、コプト語本文を直訳すれば、拙訳のように、「ユダは目を上げると明るく輝く雲を見つめた。そして彼はその中へと入っていった」となる。「そして彼は……」の「彼」（コプト語で㋓）を『原典 ユダの福音書』訳ではユダととったために前記のような訳になってい る。しかし、これをイエスととった方が、筆者には、『ユダの福音書』著者の意図にも共観福音書その他の並行箇所とのかかわりにも、よりよく適合するように思われる。

イエスの変容

私見によれば、ユダではなくイエスがここで「雲の中へと入っていった」。そして、「地上に立っていた人々に、雲の中から声が聞こえた」。この「声」の内容は、それに続く五八頁の前半が欠落しているので不明であるが、『原典 ユダの福音書』の注九の中で――その限りにおいて正しく指摘されているように――共観福音書のイエス変容の記事における と同様に「神の声」であろう。「すると雲が起こって彼ら（ペトロ、ヤコブ、ヨハネ）の上を覆うようになった。そしてその雲から声がした、『この者は私の愛する子、お前たちは彼に聞け』」

（マコ九7）。

この並行関係からみて、ここでは――ユダではなく――イエスの変容が問題になっている。前の文脈（『ユダの福音書』56）で自ら予告したように、ここで「肉体」から「霊魂」へと変容したのである。このことは、『原典　ユダの福音書』（七一頁、注九）でも、マイヤーの解説（一七九頁）でも並行記事として挙げている『アロゲネース』（「チャコス写本」61―62）によっても支持されるであろう。ここでも「アロゲネース」（「異邦人」イエスの意）は「高みにある輝く雲の中に入り、神の声が聞こえる」と言われている。

ユダの「引き渡し」

このように、「霊魂」としてのイエスは「雲の中に入り」、「肉体」としてのイエスが地上に留まる。このイエス自身の予告、「お前は私を担う人（肉体）を犠牲にするであろう」にユダが従う。そのさまが、『ユダの福音書』の最終部分に次のように記されている。

［……］祭司長たちは不平を言った。［彼］が部屋に入って祈りを献げていたからである。しかし、何人かの律法学者たちはそこにいて、祈りの間に彼を捕らえようと注意深く見張っていた。彼が皆から預言者とみなされ、彼らは民を恐れていたからである。彼らはユダに近づいて、言った、「お前はここで何をしているのか。お前はイエスの弟子

ではないか」。ユダは彼らの望むままに答えた。そしていくらかの金を受け取り、彼を彼らに引き渡した。

ユダの福音書

以上のユダによるイエス「引き渡し」場面は、『ユダの福音書』の著者が正典諸福音書の複数の箇所から、いわば「パッチワーク」風に独自な物語を作りあげたという印象を与える。

「彼」つまりイエス(「彼ら」の可能性もあるので、もしそうならばイエスの「弟子たち」)が入った「部屋」には、ギリシア語からの借用語 katalyma が用いられている。したがって、『原典 ユダの福音書』(七四頁、注三)で指摘されているように、イエスと弟子たちが過越祭の食事(最後の晩餐)をとった「部屋」(マコ一四14/ルカ二二11)を示唆しているのかもしれない。ただし、共観福音書におけるイエスは、ここで「祈りを献げて」はいない。『ユダの福音書』ではイエスがここで「祈りを献げていたから」、祭司長たちは「不平を言った」と記されているが、この文言に並行する箇所は正典四福音書では見いだされない。後の文脈で、イエスを「捕らえようと」したのは『ユダの福音書』では「律法学者」と言われているが、ルカ二〇章19節では「律法学者たちと祭司長たち」なので、『ユダの福音書』の著者は、この場面の冒頭に「祭司長たち」を置いたのであろうか。

次に、「(祭司長たちは) 祈りの間に彼 (イエス) を捕らえようと注意深く見張っていた」と記されている。この場合の「祈りの間」とは、共観福音書における「ゲツセマネの祈り」の場面 (マコ一四32-42／マタ二六36-46／ルカ二二39-46) を示唆しているのであろうか。この場面の最後にイエスは、自分を「引き渡す者が近づいた」と言っており (マコ一四42／マタ二六46) その直後にユダが現れて、イエスは捕縛されている (マコ一四43以下／マタ二六47以下／ルカ二二47以下)。

しかし『ユダの福音書』では、律法学者たちがイエスを「捕らえようと注意深く見張っていた」のは、イエスが「皆から預言者とみなされ、彼らは民を恐れていたからである」と言われている。この句は状況としては、『原典 ユダの福音書』(七四頁、注四) に指摘されているように、マルコ一四章1-2節／マタイ二六章1-5節／ルカ二二章1-2節に並行する。しかし、「彼 (イエス) が皆から預言者とみなされていた」までを含むと、これはむしろマルコ一二章12節／マタイ二一章46節／ルカ二〇章19節に近い。もっとも、マルコ本文の主語は「祭司長たちと律法学者たちと長老たち」(一一27) で、彼らが「恐れた」のは「群衆」(ho ochlos) で、マタイ本文の主語は「祭司長たちとファリサイ人たち」で、彼らが恐れたのは「群衆」(hoi ochloi) であるのに対し、ルカ本文では主語が「律法学者たちと祭司長たち」で、彼らが「恐れた」のは「民」(ho laos) である。『ユダの福音書』本文でも「律法学者たちが恐れた」のは「民」(ギリシア語からの借用語で laos) であるから、この福音書の著者はルカ二〇章19節を意識していた可能性が高いであろう。

「彼らはユダに近づいて、言った、『お前はここで何をしているのか。お前はイエスの弟子ではないか』」。この場面は正典四福音書では「ペトロの否み」の場面に並行している。ただし、共観福音書ではペトロに質問するのは「(大祭司の) 女中の一人」(マコ一四69／マタ二六69／ルカ二二56) であるのに対し、ヨハネ一八章25節では質問者は特定されておらず(「人々」)、質問の文言が『ユダの福音書』の場合とほとんど全く同じである――「まさかあんたも、彼のお弟子の一人じゃなかろうね」。

「ユダは彼らの望むままに答えた」とは、ペトロのようにそれを拒んだのではなくて、それを認めたということであろう。『ユダの福音書』の著者は、ここでペトロとユダを対照的に描いているのかもしれない。ユダは、ペトロとは違って、自分がイエスの弟子の一人であることを拒んだのではなく、それを積極的に是認したのだ、と。

「そしていくらかの金を受け取り」も、共観福音書の並行記事 (マコ一四10―11／マタ二六14―16／ルカ二二3―6) よりも、「お金」に対するユダのイニシアティヴが強く出されている。ユダはイエスの予告 (56) 通りに、彼の肉体を「犠牲にする」ために積極的に行動したのである。

こうして、ユダはイエスを「彼らに引き渡した」。この言葉も、状況としては、『原典 ユダの福音書』(七四頁、注五) で指摘されている、イエス「捕縛」の場面 (マコ一四41―50／マタ二六44–56／ルカ二二45–53／ヨハ一八1–11）に当たるが、文言としてはむしろマルコ一〇章33節を受けている。――「すると〈人の子〉は祭司長たちや律法学者たちに引き渡される」。『ユダの福音書』の著者によれば、このようなイエスの預言がほかならぬユダによって成し遂げられたのである。

表題

なお、当書の最終行に『ユダの福音書』という表題が後書きされている。表題が後書きされるのは、古代の文書においては珍しくなく、ナグ・ハマディ文書所収の諸文書にも確認されるところである。ただ、『ユダの福音書』の場合、「福音書」の表題として目立つのは、多くの福音書の場合とは異なり、「……による福音書」ではなく、「……の福音書」となっていることである。例えば、『トマスによる福音書』の場合、その「序」に「これ（イエスが語った隠された言葉）を……ユダ・トマスが書き記した」と記されており、この書の末尾に「トマスによる福音書」と後書きされている。当福音書の場合、「ユダが書き記した福音書」という意味の「ユダによる福音書」ではなくて、ユダが伝えた、あるいは実行した、イエスの（「告知の隠された言葉」に盛られた）「福音」（文字通りには「良き知らせ」）ということを意味しているのであろうか。とすれば当書は、『真理の福音』（NHC I/3）の場合と同じように、「ユダの福音」と訳されてもよいのかもしれない。「福音書」と「福音」は同じギリシア語 euaggelion なのであるから。

ユダの復権

『ユダの福音書』におけるユダ像を、次のようにまとめることができよう。

成立しつつある二〜三世紀の正統的教会において、金銭欲による教会の「裏切り者」「密告者」の元型にまで貶められていたユダ像は、『ユダの福音書』において百八十度逆転され、イエスの「福音」の伝達者として高く評価されている。

この「逆転」の視座が、キリスト教史上最初・最大の異端と言われるグノーシス派の「グノーシス」にあることは、イエスに対するユダの「告白」を読めば明らかである——「あなたが誰か、どこから来たのか、私は知っています。あなたは不死のアイオーン、（すなわち）バルベーローからやって来ました。私にはあなたを遣わした方の名前を口に出すだけの価値がありません」(35)。

グノーシス派、とりわけセツ派にとって、イエスは本来的自己の元型で、彼は人間の身体を含む天地万物を造った「創造神」を超える、不可視の至高神によって遣わされ、その本質は至高神の女性的属性の人格的存在（アイオーン）である「バルベーロー」に由来する。このことを「知っている」ユダは、イエスの「十二人」の弟子たちを否定的に超える「十三番目の神霊（ダイモーン）」（44, 46）である。

イエスはユダに言う、「お前はすべての弟子たちを超える存在になるであろう。なぜなら、お前は真の私（霊魂）を担う人間（肉体）を犠牲にするであろうから」(56)。イエスは、至高神――「バルベーロー」に由来」する「本来的自己」としての「霊魂」と、創造神に由来する「非本来的自己」としての「肉体」から成っている。ユダはイエスの『肉体』を犠牲にすることによって、「肉体」から「霊魂」を解放し、イエスを人間の元型たらしめるであろう、とイエスによって予告されている。

このイエスの肉体を犠牲とする行為として、ユダはユダヤ当局から「いくらかの金を受け取り、彼を彼らに引き渡した」(58)。ユダはイエスを「裏切った」のではない。彼はイエスの使命を果たしたのである。

しかし、このような「逆転」の結果、ユダとイエスとの歴史的関係がグノーシス派によって復元されたとは必ずしも言えないであろう。ユダについて言えば、彼はイエスの弟子の一人であったにもかかわらず、何らかの理由で師を「裏切り」、彼をユダヤ当局に「引き渡した」ことの史実性は否定できない。これは成立しつつあるキリスト教にとって、抹消することのできない「負の遺産」であった。ただし、最古のマルコ福音書では、ユダがイエスを「引き渡」そうとした理由については一切言及されていない。これをユダの「金銭欲」ゆえの「裏切り」とみたのは、マタイ、ルカ、ヨハネの各福音書であり、「サタン」の業とみたのはルカとヨハネであった。ユダの縊死あるいは転落死については、八〇～九〇年代にマタイとルカが証言しているだけである。

もし、『ユダの福音書』によるユダの「復権」に歴史的意味があるとすれば、正統的教会が自らの罪を負わせ、「スケープゴート」として教会から追放しようとしたユダを、イエスの「愛弟子」として取り戻したという一点にあるのではなかろうか。

Ⅲ　ユダとは誰か

ユダはイエス側近の弟子たちの一人であった。にもかかわらず、彼はイエスをユダヤのローマ当局による十字架刑にまで至らしめた。このことの史実性は否定できないであろう。成立しつつあるキリスト教にとって、イエスを裏切ったユダは――前述のように――「負の遺産」であった。もちろんキリスト教はユダを、一方において「悪魔」化しつつ、他方において彼の「引き渡し」もまた神の「定め」として、神学的に自らのうちに取り込んでいく。しかし、このような「取り込み」が強調されればされるほど、ユダの「負的」史実性は確実なものになると言えよう。

裏切りの理由

問題はユダがイエスを「引き渡した」理由である。「ユダの裏切り」物語で、マタイ福音書二六章14–16節やルカ福音書二二章3–6節によれば、ユダは銀貨（マタイによれば「三十枚」）と引替えにイエスを祭司長たちに「引き渡す」約束をした。ただしヨハネ福音書では、このような金銭の授受については知らず、ユダは「盗人」で、イエス集団の「金庫番」

でありながら、その中身を「くすねていた」と証言している（ヨハ一二6）。

これに対して、最古のマルコ福音書では、イエスを引き渡すために出かけて行ったユダに祭司長たちは銀貨を与えることを約束し、その後にユダはイエスを引き渡す機会を狙っていた、と記されている。しかし、ユダが銀貨を受け取ったか否かについては言及されていない。イエスを裏切った直接の原因がユダの金銭欲にあったとは、少なくともマルコ福音書からは読み取れないのである。

もともと、一般的に「裏切る」と訳されているギリシア語動詞 paradidōmi は、元来「（引き）渡す」の意である。ここから、例えばクラッセン（『ユダの謎解き』九八～一五〇頁）は、paradidōmi を「引き合わせる」の意にとって、次のような仮説を提起している。すなわちユダは、イエスの「神殿への批判行動」（マコ一一15–19）をきっかけに彼を亡き者にしようと謀り出した「祭司長と律法学者たち」に、イエスを「引き合わせ」、その真意を彼らに理解させようとした、と。もちろんこの仮説は、paradidōmi の元来の意味に沿う点を別にすれば、論拠に乏しく、広く支持をえていない。

「引き渡す」を肯定的にとる点で興味深いのは、『ユダの福音書』の場合であろう。ユダはイエス自身の指示に従って、師をユダヤ当局に「引き渡した」。しかしこれは――すでに詳述したように（本書一八三～一八四頁参照）――、イエスの霊魂を、それを担う肉体から解放するために、肉体を「犠牲にする」というグノーシス的霊肉二元論からの要請であって、むしろこれには、ユダがイエスを「裏切った」という正統的教会の見解が前提されており、それを百八十度逆転しようとする試みの結果なのである。ヨハネ福音書でも、最後の晩餐の夜、イエスはユダに「しようとしていることを、早くしてしまえ」と「引き渡し」を促している（ヨハ一三27）。その限りにおいて、『ユダの福音書』の場合と同様に、ユダの行動はイエスの指示に従うものであった。しかしこれは、『ユダの福音書』の場合もヨハネ福音書の場合も、ユダの「裏切り」行為の神学的解釈であって、その史実性を証しするものではありえない。

裏切りの予告

このようなユダによる「引き渡し」の神学的解釈は、すでにマルコ福音書の受難物語におけるユダ物語の各場面に貫かれている。ここに登場するイエスは、「ある弟子の裏切りを予告」場面のはじめから、予知能力のある〈人の子〉であり、自分がユダによって引き渡され、自分について聖書に「書いてある通り」、（この世から）去って行く」ことを予告している（マコ一四18－21a）。

ただし、ユダの裏切りに対する人間イエスの感情を吐露していると想定されるイエスの言葉は、次の一句であろう――「しかし禍いだ、〈人の子〉を引き渡すその人は。その人にとっては、生まれて来なかった方がましだったろうに」（マコ一四21bc）。

前述のように（本書七三～七四頁）、「〈人の子〉を引き渡すその人は」の一句（マコ一四21b）は、直訳すれば、「彼を介して〈人の子〉が引き渡されるその人は」となり、ここでは「引き渡される」行為を加える主体（agent）は神で、ユダはその人間的手段であることが示唆されている。したがって、この一句は、「その人」（イエス）を「引き渡す」（ユダの）行為に対する神学的解釈である。ところが、その行為の人間的手段になったに過ぎない「彼」（ユダ）が、イエスによる「禍いだ」という呪詛の対象となっている。ここに、イエスによる、ユダの裏切り行為に対する人間的「呪詛」感情と、その神学的解釈との緊張関係が見いだされるのではないか。

私見によれば、この疑問に応えようとしたのが、この箇所に対するルカの編集作業である。ルカはまず、マルコ福音書一四章21a節「たしかに〈人の子〉は彼について書いてある通り、去って行く」を、その並行句（ルカ二二22a）において、「たしかに〈人の子〉は定められている通り、〔死に〕赴く」と修正する。こうしてルカは、イエスの受難の神学的必然性をマルコよりも明確化したのである。その上でルカは、「しかしながら、禍いだ、彼を引き渡すその人は」（ルカ二二22b）というマルコ本文をそのまま残す。しかしルカは、それに続くマルコ本文「その人にとっては、生まれて来なかった方がましだったろうに」（マコ一四21c）を削除している。

こうしてルカは、一方において「引き渡し」行為の神学的解釈を強化すると共に、他方においてそれと矛盾するようにみえる、その行為の実行者としてのユダに対する「生まれて来なかった方がましだった」というイエスの呪詛を削除することによって、その行為に対する神の主導性を前景に出す。もちろんルカ福音書でも、「彼（イエス）を引き渡すその人（ユダ）は」、依然として、「禍いだ」というイエスの呪詛の対象になっている。しかしルカにとっては、ユダを「裏切り者」（ルカ六16）にしたのは、彼「の中にすでに入り込んでいた」「サタン」（ルカ二二3）である。したがって、呪詛の対象はユダというよりも、むしろサタンなのである。

もっとも、マルコ福音書一四章21b節の本文を導入するギリシア語のouaiを「呪詛」ではなく「悲嘆」を表す間投詞ととり、21bc節を、新共同訳のように、「人の子を裏切るその者は不幸だ。生まれなかった方が、その者のためによかった」と訳すこともできる。あるいはこのようにとった方が、イエスを裏切る可能性を他の弟子たちにも保留しているマルコ本文（マコ一四19）から想定されるマルコのユダ観にふさわしいかもしれない。マルコによればイエスは、神によって「引き渡される」〈人の子〉の人間的手段とされたユダに悲哀と同情を示したことになろう。

捕　縛

イエス「捕縛」の場面（マコ一四43―52）も、「見よ、〈人の子〉は（神によって）罪人らの手に渡される」(マコ一四41)という神学的解釈の枠内で展開されているので、この中から歴史的核を選り分けることは至難である。しかし、この物語には四福音書すべてに並行記事が存在するので(マタ二六47–56/ルカ二二47–53/ヨハ一八2–12)、少なくともユダを介してイエスが捕縛されたという出来事の歴史性は否定できないであろう。また、ユダがその際にイエスの「目印」とした「接吻」(マコ一四45/マタ二六49/ルカ二二47–48)にも、たとえそれを介するユダとイエスのやりとりがフィクションであっても、接吻そのものにはユダとイエスの愛憎という歴史的関係が潜んでいるように思われる。「捕縛」物語の中で、最もイエスのイニシアティヴが強い、その意味で神学的解釈の色彩が最も濃いヨハネ本文に、接吻の場面は欠けていることもその傍証となろう。

死

ユダの不自然死に関する記事(マタ二七3–10、使一16–20)は、先に指摘したように(本書九三、一一三〜一一四頁)、部分的に伝承に遡るとしても、伝承の成立は七〇年代以前とは思われない。したがって、ユダの死の事情は歴史的には不明としか判断のしようがない。四福音書の中で最古のマルコ福音書にも、最新のヨハネ福音書にもユダの死については報告されていない。パウロが受けた古い伝承では、復活後にイエスが、「ケファ(ペトロ)に現れ、次に十二人に〔現れた〕」(Iコリ一五5)と証しされている。この伝承にはユダがイエスの死後まで生存し、イエスの顕現体験に与ったことが前提されていよう。なお、『ペトロによる福音書』にも、その成立年代は二世紀の中期以後ではあるが、イエスの死後「十二人の弟子たちは泣き悲しんでいた」と報告されている（一四59）。

イエスとの再会

ところでマルコ福音書では、私見によればユダは、ガリラヤにおける復活のイエスとの再会を予告されている弟子たち（マコ一四28、一六7）から排除されていない（詳しくは本書七七、八〇～八一頁参照）。その限りにおいて、イエスを裏切ったユダは、師を「見棄てて逃げて行った」他の弟子たち（マコ一四50）と共に、究極的にはイエスによって赦されている、ということになろう。もちろん、「復活のイエス」には信仰が前提されており、そのイエスとのガリラヤにおける再会の約束もマルコの神学的設定である。したがって、これを歴史的レベルに置くことはできない。しかし、このような神学的設定は、生前のイエスによる「愛敵」の勧め（マタ五43―45／ルカ六27―28、35a―36）に事柄として対応しているのではないか。

イエスの十字架はユダを受容した

以上の結論として、ユダはもともと誰であったかについて、すなわち歴史のユダについては、少なくとも以下の点を指摘することができよう。

ユダはイエスの直弟子の一人であったが、何らかの理由で師をユダヤの指導者たちに「引き渡した」。ユダの裏切りを事前に知ったイエスは、「呪う」ほどに彼を憎悪した。しかしイエスは、そのような「敵」をも受容して十字架死を遂げた。復活のイエスが「十二人に現れた」という伝承から推定して、ユダがイエスの死後、直弟子たちと同じように顕現体験に与った可能性はあろう。彼の最期については不明である。

イエスの死刑確定後にユダが不自然死を遂げたという伝承や、彼の死を裏切りの「罪」に対する神の裁きとみなす見解が成立したのは、成立しつつある正統的教会が、ユダの「罪」を赦さず、自らの「罪」をも彼に負わせて、彼を教会から追放しようとした結果ではないか。

ユダの図像学

石原綱成

図5　象牙浮彫り（聖遺物匣部分），5世紀中頃，ラヴェンナか北イタリア，ミラノ大聖堂。「最後の晩餐」の最初期の作例。半円形のテーブル，左端にイエス，右端にペトロが座っている。テーブルの上にはパンと魚が置かれている。聖餐式の様子がはっきりとわかる。

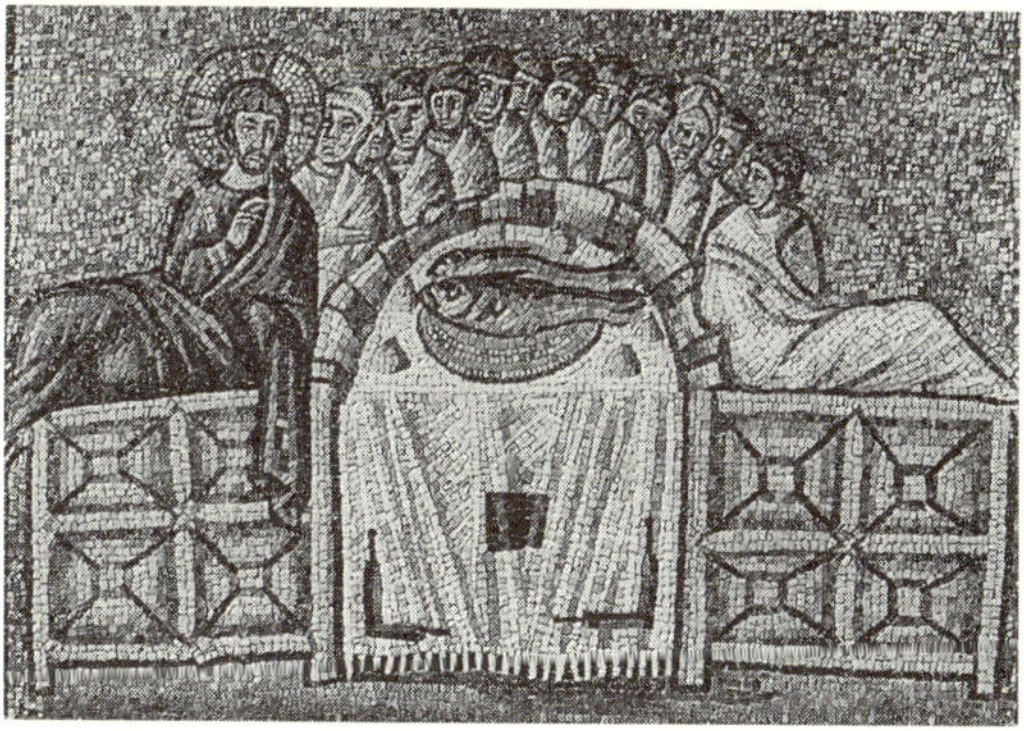

図6　モザイク，6世紀初頭，ラヴェンナ，サン・タポリナーレ・ヌオヴォ聖堂。皿の上には大きな魚が2匹置かれている。魚には，イエス・キリスト，神の子，救世主という意味がこめられている。イエスの反対側にはユダが座っている。

図7　写本挿絵，6世紀後半，ロッサノ福音書，アルチヴェスコヴァド博物館。白髪で老人姿のヨハネがイエスの右，ペトロはイエスの反対側，ユダは弟子の中心付近におり，鉢に手を伸ばしている。ユダの風貌は若々しい。画面右には洗足が描かれている。

図8　フレスコ壁画，1100年頃，サン・タンジェロ・イン・フォルミス聖堂。テーブルの上，ユダが手を伸ばした先には魚ではなく，子羊が置かれている。洗足のポーズをしているペトロは，後にユダの場所となる，テーブルの外に座っている。

図9　写本挿絵，9世紀中頃，クルドフ詩篇，モスクワ歴史博物館。テーブルの両端で，イエスと会話しているユダは鷲鼻で顎が曲がっており，ユダ独特のイメージに描かれている。イエスとヨハネだけにニンブスがついている。画面左端にランプがあり，夜であることを表す。

図10　写本挿絵，10世紀後半，ビザンツ，ロシア国立図書館，サンクトペテルブルク。イエスのパンを受け取ろうと，5人の弟子たちが両手を一杯に伸ばしている。それに対して，ユダは自分を指差し，イエスの言葉に耳を傾けている。イエスは，ユダの目を見つめているようだ。

図11　写本挿絵，600年頃，アウグスティヌスの福音書，コーパス・クリスティー・カレッジ，ケンブリッジ。円形のテーブルの中心にイエスが座る，最初期の作例である。十字架のニンブスをつけたイエスは正面を向き，典礼としての聖餐式が強調されている。杯が置かれるのもこの頃からである。

図12　象牙浮彫り，9世紀，国立博物館，ベルリン。円形のテーブルの中心に座るイエス。テーブルの両脇に2人の弟子が跪いているが，イエスが手を伸ばしている左側の人物がユダであろう。鮮明な彫刻ではないが，弟子たちの不安な表情は見てとれる。

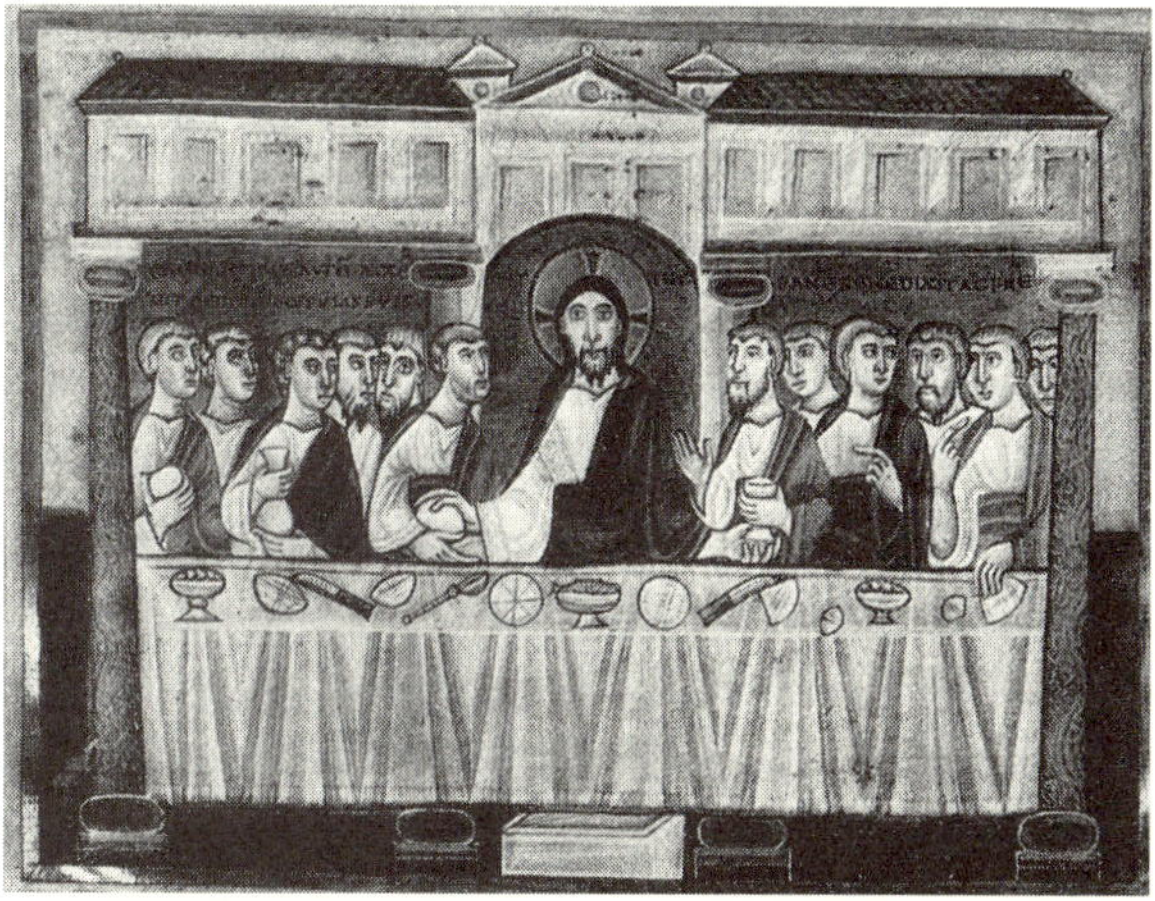

図13　写本挿絵，1043-46年，ハインリヒ3世の福音書，エスコリアル。横長のテーブルの中央にイエスが座り，両脇に弟子たちがいる。ユダは銀貨三十枚の袋を大事そうに抱え，イエスの顔を見つめている。また，晩餐が室内で行なわれたことも表現されている。

図14　写本挿絵，820-830年頃，シュトゥットガルト詩篇，サン・ジェルマン・デ・プレ聖堂。黒い鳥（悪魔）がパン切れとともにユダの口に入る。ユダはイエスを恐れ，浮き足だっており，今にも逃げ出しそうである。イエスの背後にはペトロがおり，ユダの行為を非難しているようでもある。

図15　写本挿絵，1085-86年，ヴラティスラフ王の福音書，国立図書館，プラハ。テーブルの前に座るユダはパン切れを食べ，悪魔が口に入る。ユダはニンブスもなく，他の弟子たちと違う服装（ローマ風）をしている。その人物は下部の洗足の場面にはいない。ユダは洗足の場面でも除かれているのだろうか。

図16　ハウスブーフの画家，弟子の足を洗うイエス，15世紀後半，国立博物館，ベルリン。悪人の顔をしたユダが右前に座る。ユダだけにニンブスがなく，他の弟子とはっきり区別されている。いわゆる「ユダ探し」が容易にできる作例は15世紀頃からである。

図17　写本挿絵，1007年か1012年，ハインリヒ2世の典礼書，バイエルン国立図書館，ミュンヘン。イエスは左端に座り，ビザンツの伝統に立ち返った様式である。ユダは折り畳み椅子に座り，パン切れを鉢に浸している。イエスの視線はユダにではなく，他の弟子たちに注がれている。下部は洗足の場面。

図18　写本挿絵，1200年頃，インゲボルグ詩篇，コンデ美術館。イエスは杯とパンを弟子たちに示し，聖餐式を行なっているようだ。ヨハネはイエスの膝の上に頭を乗せて，目を閉じている。ユダはテーブルの前にしゃがみこみ，イエス，ヨハネ，ユダの群像が強調されている。

図19　石浮彫り，12世紀，ヴォルテルラ聖堂。ユダの足元には，蛇の尾をもち歯をむき出しにした悪魔が横たわっている。ユダは跪き，イエスからパンを受け取っている。テーブルの上には魚が3匹置かれている。イエス，ヨハネ，ユダの群像が強調されている。

図20　七宝細工，1181年，クロスターノイブルクの祭壇。パン切れをイエスから受け取るユダは，魚を後ろ手に隠している。これは盗まれた魚であり，聖餐式の魚ではない。盗人としてのユダは体を不自然にかがめ，卑屈な態度である。

ゲツセマネのイエス

図21　モザイク，6世紀初頭，ラヴェンナ，サン・タポリナーレ・ヌオヴォ聖堂。イエスとともにゲツセマネの園に集まる11人の弟子。イエスは画面の中心に立ち，弟子たちに語りかけている。その姿はオラシオンと呼ばれ，カタコンベにも描かれて，復活の象徴とされる。

図22　象牙浮彫り（写本装丁板），900年頃，ライン地方，ヴェルナー女史蔵，ロンドン。イエスは大地にひれ伏して祈っている。その前には十字架のついた祭壇が置かれ，神の手が顕現する。ゲツセマネの祈りは典礼のプロトタイプとなる。下段には11人の弟子がいるが，全員眠っている。

図23　写本挿絵，1200年頃，インゲボルグ詩篇，コンデ美術館。跪いて祈るイエスの前で，2人の天使が香炉を振っている。下段には眠る弟子が描かれているが，注意してみると12人描かれている。ゲツセマネに，ユダが参加しているということだろうか？　ユダがどこに描かれているかの判別はできない。

図24　板絵，1410年，中部ライン地方，祭壇扉，大司教博物館，ウトレヒト。イエスは血の汗を流して神に祈っている。その前には杯が置かれ，神の手には十字架がある。ユダに導かれた兵士が，園の垣根を越えてイエスに迫る。3人の弟子たちは眠ったままである。

図25　ハンス・ムルチャー，板絵，1437年，ヴルツァッハの祭壇，国立博物館，ベルリン。兵士たちを先導するユダは，イエスを指差している。イエスは跪き，十字架をもった天使に向かって祈っている。ペトロは剣をもって眠っており，兵士の接近にも気がつかない。

図26　上部ラインの画家，板絵，1460年頃，ミュゼ・デ・ボザール，リヨン。イエスの額と足には血の汗が描かれる。本来は汗を血のように流すということ，すなわち血として描かれた汗は，イエスがこれから流すおびただしい血を暗示しているのであろう。杯が置かれている岩は祭壇のようである。

図27　アンドレア・マンテーニャ，テンペラ，1460年頃，ナショナルギャラリー，ロンドン。イエスの前には雲に乗った5人の天使が，十字架と受難具をもって現れる。岩は祭壇の形をしており，教会の内陣のようである。右遠方にはユダが多くの人々を引き連れてイエスに迫ってくる。

図28　レンブラント，ペン，1650-55年，ハンブルク美術館。憔悴しきったイエスの肩を抱き，優しく励ます天使の姿はまさに現代的な心情が表出されている。眠り込む3人の弟子たちの背後に，ユダの一行が描かれている。

ユダの接吻

図29　モザイク，6世紀初頭，ラヴェンナ，サン・タポリナーレ・ヌオヴォ聖堂。イエスはユダの接吻を受けても全く動じる様子もなく堂々としている。ペトロは手下に斬りかかろうと剣の柄に手をかけている。他の弟子たちは逃げ出すのであろうか，不安な表情を浮かべている。

図30　写本挿絵，600年頃，アウグスティヌスの福音書，コーパス・クリスティー・カレッジ，ケンブリッジ。ユダは接吻しようと，イエスに近づく。左の人物はイエスに手をかけ，捕らえている。ペトロは剣を抜き，高々と掲げ，斬りかかろうとしている。

図31　写本挿絵，820-830年頃，シュトゥットガルト詩篇，サン・ジェルマン・デ・プレ聖堂。イエスは接吻するユダの右肩に手をまわし，ユダを受け入れている。武器をもつ兵士は，イエスに手をかけて捕らえている。画面の右には首を吊るユダが描かれ，悪魔が口から入っている（出ている？）。

図32　ペンとインクの素描，1050年頃，コットン詩篇，大英博物館，ロンドン。ユダはイエスの肩に手をかけて接吻している。イエスは右手をユダの肩越しに上げ，ユダを受け入れている。兵士たちは，イエスの左手首を握って捕らえている。

図33　写本挿絵，980年頃，エグベルティ写本，トリール市立図書館，トリール。イエスは，マルホスに斬りかかろうとするペトロを厳しく戒めている。マルホスはペトロに頭を押さえられ，イエスに助けを求めるように左手を上げている。

図34　フレスコ壁画，1100年頃，サン・タンジェロ・イン・フォルミス教会。群衆は，武器，棒，ともし火，松明をもってイエスを取り囲む。ユダは，イエスにすがりつくように接吻している。ペトロは，マルホスの耳を剃刀のようなもので切り落としている。

図35　ヴェストファーレンの画家，板絵，1320年頃，聖母教会，ホーフガイスマール。マルホスは血を流す右耳を示し，イエスはその耳に手を伸ばして癒している。ペトロはイエスと反対側を向き，剣を鞘に収めている。イエスの戒めを聞いた直後のことであろう。

図36　写本挿絵，1043-46年，ハインリヒ3世の黄金の福音書，エスコリアル。画面の右側には亜麻布をまとった若者がおり，2人の兵士が亜麻布を剝ぎ取っている。その他の弟子は描かれていない。ペトロは剣を抜き，イエスの背後にいる。

図37　ブロンズ浮彫り，12世紀後半，ベネヴェント大聖堂の扉。ヨハネ福音書には，ユダの接吻の場面はない。イエスが「私はいる」というと，人々は後ずさりして後ろに倒れる。イエスの背後にいるペトロは，懐の剣に手をかけ，斬りかかる準備をしている。

図38　フラ・アンジェリコ，板絵，1450-53年，サン・マルコ博物館，フィレンツェ。ユダの接吻と，ヨハネ福音書にある，後ろに倒れる人々が同時に描かれている。イエスに接吻するユダのニンブスは黒く塗りつぶされている。ペトロはその光景をみて，剣を抜こうとしている。

図39　ジオット，フレスコ壁画，1305年頃，スクロヴェーニ礼拝堂，パドゥア。ユダは，裏切りの象徴である黄色い衣でイエスを覆い隠そうとするが，覆い尽くせない。イエスは，厳しい眼差しでユダを見つめている。真後ろを向いた黒いマントの人物が，亜麻布を剝ぎ取ろうとしている。

図40　ベタニアの塗油，写本挿絵，980年頃，エグベルティ写本，トリール市立図書館，トリール。マルタ，マリヤ，ユダと名前が記されている。弟子たちはイエスに異議を申し立てるが，イエスは右手を上げ，弟子たちを厳しくたしなめている。テーブルの上には，聖餐式のそれと同じパンが置かれている。

図41　ニコラ・フロマン，ベタニアの塗油，板絵，1461年，ラザロの祭壇画，ウフィッツィ美術館，フィレンツェ。ユダは，イエスの足に香油を塗る罪深き女を指差して，激しく非難している。ナルドの香油の壺は，マグダラのマリヤがもっている壺と同じである。よって罪深き女は，マグダラのマリヤとしばしば同一視される。

銀貨三十枚とユダの自殺

図42　写本挿絵，1011-14年，ヒルデスハイムのベルンヴァルトの福音書，ヒルデスハイム聖堂宝物館。「最後の晩餐」の図の下部に，銀貨三十枚を受け取るユダがいる。ユダは両手を差し出して，祭司長から銀貨を受け取っている。パン切れを受け取るユダの表情とは対照的である。

図43　ジオット，フレスコ壁画，1305年頃，スクロヴェーニ礼拝堂，パドゥア。銀貨三十枚の袋を握ったユダが，祭司長と密談をしているようである。しかし，祭司長の表情は真剣で，緊張感が漲っている。悪魔が背後にいて，ユダをそそのかしているが，この挿話は福音書にはない。

図44　石浮彫り，1250-60年，ナウムブルク大聖堂。ユダが祭司長ににじり寄って，銀貨を受け取っている。祭司長はユダの方を見ることなく，正面を向いている。祭司の一人が，祭司長に耳打ちをしているが，イエスを殺す計画についてであろう。ユダ以外は，ユダヤ人の象徴であるとんがり帽子をかぶっている。

図45　象牙浮彫り，420-430年頃，大英博物館，ロンドン。イエスの磔刑図の左に，ユダの自殺の場面が描かれている。ユダの足元には銀貨の袋が投げ捨てられて，中から5枚の銀貨がこぼれている。

図46　象牙浮彫り，870年頃もしくは500年頃，ミラノ大聖堂(部分)。ユダは祭司長に銀貨を返そうと試みるが，拒否されている。右側にはユダの自殺の場面があり，ユダは首を吊る自らの姿を見つめている。

図47　ブロンズ浮彫り，12世紀後半，ベネヴェント大聖堂の扉。テーブルの上に銀貨を撒き散らし，祭司長の館から立ち去るユダ。この姿は，同聖堂の扉に描かれた後悔の臍をかんで泣くペトロの姿と酷似している。

図48　ブロンズ浮彫り，12世紀後半，ベネヴェント大聖堂の扉。首を吊るユダの背後に天使が現れる。この天使の意味は不明であるが，悪魔ではないことは翼の表現からしても確かである。ユダの腹は大きく裂かれ，内臓が露出している。

図49　石浮彫り，1290-1310年，フライブルク大聖堂（部分）。首を吊るユダの頭上には，グリフォンの足をした悪魔がいる。ユダの腹は裂け，内臓が見えている。手から三十枚の銀貨がこぼれ落ちている。

図50　石浮彫り，1280年頃，シュトラスブール大聖堂。首を吊るユダの左にいるのは，シナゴーグ（ユダヤ教会）を象徴する山羊である。ユダとユダヤ教徒が混同されることがまれにある。ユダの右側には，悪魔が2匹横たわっている。

受難図におけるユダ

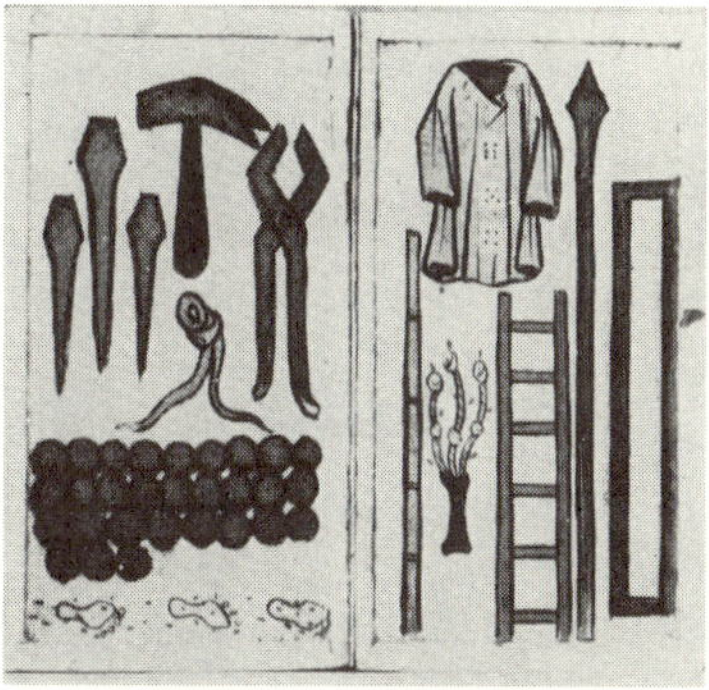

図51　アルマ・クリスティ，写本挿絵，14世紀初頭，ヴィクトリア&アルバート博物館，ロンドン。人物は省略され，イエスの受難の道具が整然と並べられており，かえってイエスの受難の悲惨さが強調される。左下にはユダの銀貨三十枚が正確に描かれている。

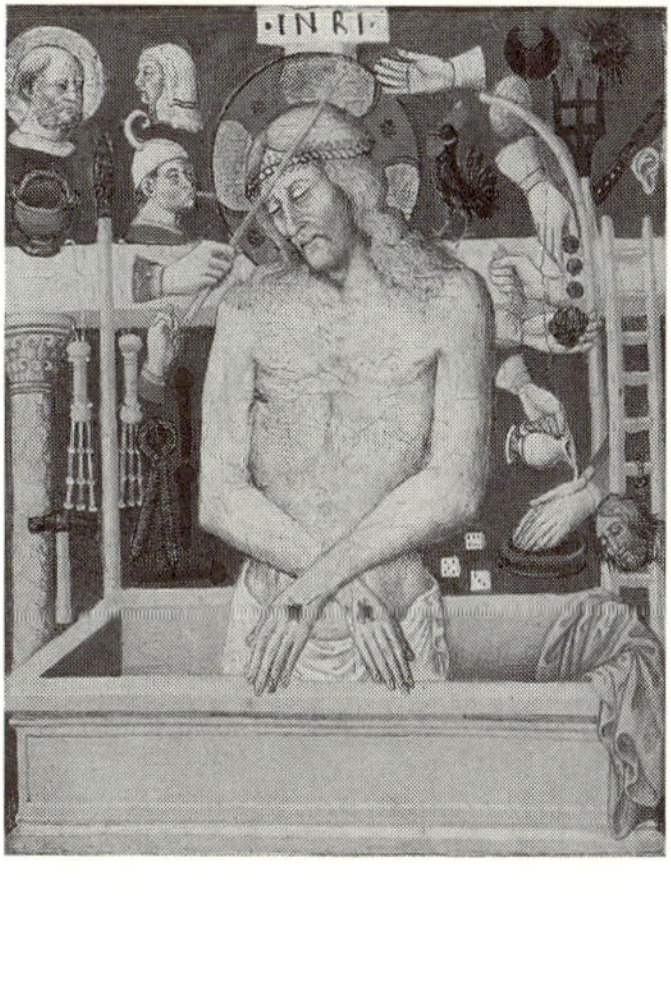

図52　悲しみのキリスト，油彩，15世紀後半，ヴァルラフ・リヒャルツ博物館，ケルン。銀貨三十枚を受け取る手，梯子にかかるユダの首など，受難に関連する図像が象徴的に画面に配置されている。一つの画面で，イエスの受難物語をすべて追体験することができる。

図53　ロレンツォ・モナコ，悲しみのキリスト，1404年，アカデミア美術館，フィレンツェ。十字架の袖木の右にユダの接吻，左にペトロの否認が描かれる。このことから，ユダの裏切りとペトロの否認が並行して捉えられていることがわかる。

図54　フラ・アンジェリコ，フレスコ壁画，1437年から1445年の間，サン・マルコ修道院，フィレンツェ。十字架の左下には，ユダの接吻とペトロの否認が描かれている。ユダとペトロの行ないが，共に罪深き行為として解釈されている作例である。右には銀貨三十枚を受け取る手が見える。

はじめに

　歴史的につくられてきたユダのイメージとは、どのようなものであろうか。もっとも一般的に描かれるユダの風貌は、浅黒い顔、鷲鼻、顎鬚というものだ。しかし、ユダは十二使徒の中でも、イエスを裏切る（引き渡す）という最悪の行為を行なった弟子であるにもかかわらず、そのイメージは一定していない。とりわけ、「最後の晩餐」の図でユダが弟子たちの間にいると、判別が容易ではない。銀貨の袋を手にもたされていればわかるのだが、そんなことでもないと観る者は解釈を加えながらユダを探さなければならない。

　ユダの像を判別する目印としては、イエスより背が低く描かれている、ニンブスが欠けている、もしくはその色が違う、裏切りの黄色い衣をまとっている（ジオット）などがある。それでも、ユダはあれほど劇的な行為をなす弟子でありながら、ペトロをはじめとするほかの弟子たちと比べてこれという決定的なイメージが欠けている。しかしながら、ヨーロッパ人は「最後の晩餐」の群像に臨む際、真っ先にユダを探すと言われている。

　中世末期になると、ユダの判別は比較的容易になる。画家たちがイエスを裏切った「犯人」をすぐさま探し出せるように、一定の居場所（テーブルの外）を与えたからである。キリスト教美術では、負の役割を担った様々な「悪役たち」が登場する。大祭司カイアファ、ヘロデ王、ローマ総督ピラトゥス、そしてイエスを告発するユダヤ人、イエスを鞭打ち、嘲笑する兵士などである。これらの人物の像は、異邦人（例えばアラブ人）であったり、ユダヤ人を象徴するとんがり帽子を被らされていたりする（たとえローマ人であっても）。つまり、一目で悪しき人もしくは、差別されるべき人であることがわかる。聖書のテキストを視覚的に説明するという役割上、善き者と悪しき者とを明確に区別して表現することがキリスト教美術には必要だったのである。

それにもかかわらずユダは、異邦人として描かれることはないし、たとえ悪魔が彼の横にいても、ユダ自身が悪魔として描かれることもない。ピラトゥスなどの図像上での扱いと、それは対照的であると言ってよいであろう。ローマの総督でありながら、イエスの十字架刑に消極的（ルカ二三章13節以下）であったピラトゥスは、悪魔にそそのかされるアラブ人に変化させられたり、醜い老人として描かれたりするのである。それに対してユダは、たとえ大罪を犯しても、イエスに愛された十二弟子の一人にほかならない。よってその弟子を悪魔や異邦人として描く伝統はキリスト教美術には生まれなかったということなのだろう。しかし、ユダが犯した罪は消し去ることのできない「事実」として、今日まで語り継がれている。図像の系譜においてもそれは同様であって、時代ごとにそれぞれのユダ像を連綿と生み出し続けているのである。以下では、福音書に書きとどめられたエピソードと図像との関連を検証しつつ、図像学の見地から「知られざるユダ像」を追い求めてみたい。

1　「最後の晩餐」におけるユダ

「最後の晩餐」は、共観福音書（マルコ、マタイ、ルカ）によれば過越の食事であり、ヨハネ福音書によれば、過越の食事の二十四時間前とされている。「最後の晩餐」から、逮捕、裁判、受難の道行、十字架刑、埋葬までのすべての出来事は、わずか一日の中で起きるのだが、イエスの生涯において最も劇的な部分であるに違いない。ここでの個々の出来事は、キリスト教美術において、核心となるテーマを構成している。その中でも、最もよく知られているのがミラノのサンタ・マリア・デッレ・グラツィエ教会にある、レオナルド・ダ・ヴィンチの壁画であろう。

レオナルドは、画題として伝統的なヨハネ福音書をではなく、マタイ福音書の叙述を取り入れた。ある弟子の裏切りを告げるイエスに対して、弟子たちが心を傷めて、「主よ、まさか、この私ではないでしょうね」（マタ二六22）とお互いに問い始める瞬間の心理描写を中心テーマとしている。十二人の弟子たちは三組に分けられ、それぞれにある構図を与えられている。レオナルドの「最後の晩餐」には、聖体拝領の要素はなく、一連の物語件のみが強調されている。したがって、ユダをあえてテーブルの外に出す構図で描く必要性もなかったのである。

レオナルド・ダ・ヴィンチの壁画が後代に残した影響はあまりにも大きく、「最後の晩餐」のテーマとは、イエスがユダの裏切りについて言い放った瞬間を表現したものと解釈している人が多い。しかし、その後に展開されたテーマの系譜をたどってみれば、それだけでなく、聖餐式の設定、すなわち「聖餐」の様式を定めたものとしての「最後の晩餐」という重要なテーマがある。L・レオは、図像学的にみて、この主題を「歴史的・物語的」最後の晩餐と「象徴的・聖餐的」最後の晩餐とに分けているほどである。もし、大づかみに大別するのなら、西欧においてはレオナルドのように、ユダの裏切りに焦点を合わせることが多く、東方ビザンツ教会では典礼としての「象徴的・聖餐的」最後の晩餐の主題が主になると言えよう。

初期の作例——東方と西方の伝統

「最後の晩餐」の図像表現は、カタコンベや石棺彫刻にはみられない。このテーマの起源が聖餐式と関連しているからである。稀にカタコンベに作例があるが、ここでの主題はいかに晩餐が執り行なわれたかというよりも、いかに神の国へ至りうるかというテーマが強調されている。

「最後の晩餐」の作例は六世紀初頭に遡るが、それらにはイエスの受難と使徒への聖体拝領という二つの側面がみられる。イエスの図像には、裏切られ苦しみを受ける主というよりは、聖体拝領を行なう司祭としての役割の方が大きい。

このテーマを表現する図像の最初期のものは、ミラノの大聖堂にある五世紀の象牙製の祭壇（図5）であり、さらにその後六世紀に入るといくつかの作例が見出される。それはすでにシリアでは、五世紀には聖餐式が明確に典礼として確立していたからである。

ラヴェンナのサン・タポリナーレ・ヌオヴォのモザイク（図6）では、半円形のテーブルの上にパンと大きな二匹の魚の載った皿が置かれている。魚はキリスト教のみならず、ユダヤ教でも重要な象徴である。旧約聖書の世界において魚は、ノアの時代の洪水で唯一生き残った生物として、宗教行事の際に司祭の前に供えられた。したがって、「最後の晩餐」の魚は、古代後期もしくは東方ビザンツ世界にそのルーツがあると考えられる。

イエスは晩餐の主催者の席とされる左側に座り、足を投げ出している。その反対側には同じ姿勢のユダがいるが、観る者に背中を向け、顔だけをイエスに向けている。弟子たちの四人がイエスの方を向き、他の七人はユダの方を見ている。イエスは大きな十字架のついたニンブスをつけ、右手を上げている。これは聖餐式の始まりを思わせるが、主題とされているのはユダの裏切りをイエスが指摘した場面とみなしうるので、これは「予告」ないしは「指示」の手なのである。ペトロは、後にヨハネが座る場所におり、右手を上げながらイエスに問いかけている。このイエスとユダの足を投げだす姿勢は、前述のミラノの作例にも見られる。しかしミラノの作例では、イエスはテーブルの上の魚に手を伸ばし、そのことでユダとの距離は一層縮まり、両者が差し向かいで話し込んでいるように見える。

半円形のテーブルに足を横に出し座っているのは、六世紀後半のロッサノ福音書写本挿絵（図7）にも見られる。ラヴェンナのモザイクにある、パンと大きな魚の代わりに、大きな器（鉢）が中央に置かれている。その器の中身はわからない。この写本はコンスタンティノポリスか、アンティオケで描かれたもので、先に触れた東方教会のビザンツ型に属する。ラヴェンナの作例とは異なり、ユダが使徒たちの間に座り、皿に手を伸ばしている。ペトロは、ラヴェンナでユダが座っていた位置に寝そべっている。そして、ヨハネはイエスの隣にいるが、その風貌は中世以降のヨハネ像のように若々しいものではなく、東方の福音書記者の図像伝統である白い髭の老人として描かれている。多くの作例に見られるように、イエスの胸に寄りかかってはいない。

ユダの座る位置にペトロがいる例は、サン・タンジェロ・イン・フォルミスのフレスコ画（図8）にもある。ペトロは椅子に座り、人差し指を頬にあてて思案している。左の足が衣から出ており、洗足のポーズそのものである。ユダは弟子の間におり、テーブルの中央に置かれた子羊（魚ではない）に手を伸ばしている。イエスは両足を投げ出し、右手を上げ、弟子たちに語りかけている。クルドフ詩篇挿絵（図9）やサンクトペテルブルクにあるビザンツの写本挿絵（図10）では、ユダがイエスの反対側に座っている。クルドフの挿絵では、イエスは右手を上げ、ユダに話しかけ、ユダはイエスに向かって右手をまっすぐに伸ばし、イエスの問いかけに答えている。図像構成はビザンツの伝統を守っているが、ロッサノ写本とは異なり、ヨハネは髭のない若い少年として描かれている。しかも、ヨハネとイエスだけにニンブスがあることに注目したい。半円形のテーブルの上には大きな器があり、その中に魚が置かれている。また、ビザンツの写本挿絵では、イエスは左手にパンを持ち、右手を差し出し弟子たちに勧めている。それに応えて五人の弟子たちは、イエスからパンを受け取ろうと、両手を一杯に伸ばしている。ユダはイエスの反対側におり、右手を魚の入った器に伸ばし、左指を自分に当てている。椅子に座っているようだが、他の弟子たちからは孤立している。

図9（部分）　鷲鼻で尖った顎をしたユダの最初期の作例。

このように、初期の作例では画面の右端にユダとペトロのいずれかが座るのだが、このことに関してG・シラーは、ペトロがイエスを三度否定することと、ユダの裏切りが同等もしくは類似した行為とみなされたことにより、ユダの位置にペトロが置かれたという見解を述べている。しかしながら、この時期のこうした作例を根拠として、ペトロの否認とユダの裏切りを同等な行為とする理解が存在したと判断することは避けたいと思う。それよりも、ロッサノ写本において晩餐の図像の横に洗足の場面が描かれていることや、サン・

タンジェロ・イン・フォルミスのフレスコ画のペトロがやはり洗足のポーズのまま描かれていることから、ヨハネ福音書一三章7節の「私のしようとしていることが、あなたには今はわからない。だが、それらのことの〔起こった〕後で知るようになるだろう」という言葉に対して思案するペトロを強調したかったのではないか、と推測される点に注目したい。

西欧の作例

西方では、ビザンツの伝統とは異なった図像構成が発展する。その最も初期の作例は六〇〇年頃のアウグスティヌスの福音書写本（図11）である。テーブルは半円形から円形になり、イエスは中央に座り、弟子はその両側に配置されている。六人の弟子がテーブルにつき、残りの二人は後ろに立っている。イエスはパンを取り、みなを祝福している。皿と杯が置かれているが、杯が現れるのはこの図像からである。弟子たちは心配気な表情で、イエスを見つめている。弟子はみな同じような風貌なので、ユダがどこにいるかはわからない。イエスが中央に位置する図像形体は、聖餐式としての「最後の晩餐」よりは、その物語性の方が強調されたものである。ラインラントの象牙浮彫り（図12）にも同様な構図がある。十字架のニンブスをつけたイエスが、円形のテーブルの中央に座り、その両脇に十人の弟子が座っている。そして、残りの二人は杯を持っている。テーブルの上には杯（もしくは鉢）と二個のパンが置かれており、魚は見あたらない。ユダがどこに描かれているかの断定は困難であるが、マタイ福音書二六章23節の「私と共に鉢の中に〔食物を持った〕手を浸す者、その者が私を引き渡すであろう」という記述から推測すると、イエスが右手で示す杯をもっている左側の人物かもしれない。また、イエスの頭上に十字架があることは、この場面が室内で行なわれたことを表す。

その表現は、ザンクト・ガールのペンとインクによる写本挿絵（一〇〇〇年頃）や、ハインリヒ三世の黄金の福音書挿絵（図13）あたりからより具体的に表現されるようになる。これらにおいては、イエスは四つの柱のある神殿風の建物の中にいる。テーブルは半円形でも円形でもなく、長いテーブルである。イエスはその中心に座り、弟子たちはその両脇に半数ずつに分かれて並んでいる。イエスは弟子たちにパンを渡しているが、ユダだけは銀貨三十枚の入った袋を大事そうに抱えている。この写本では、マタイ福音書二六章21節の「アーメン、私はあなたたちに言う、あなたたちの一人が、私を引き渡すであろう」という言葉に対して、「主よ、まさか、この私ではないでしょうね」という場面が描かれている。弟子たちはお互いに向かい合ったり、イエスに語りかけたり、ルカ福音書二二章23節の「彼らの間でこのようなことをなそうとしているのは誰か、お互いに議論し始めた」と言われるように明らかに動揺した表情を浮かべている。そうした中で、ユダだけは銀貨の袋を胸に抱き、平静を装っている。この図像にはもはや聖餐式としての「最後の晩餐」の要素はなく、後世に一般的となる、ユダの裏切りにともなって生じた波乱を、心情的な風景として描こうとする最初期の作例の一つとなっている。しかし、この図像には、まだ悪魔は登場していない。

ユダと悪魔

ユダの口に悪魔が入る作例が見られるのは、シュトゥットガルト詩篇挿絵（図14）からである。ヨハネ福音書一三章26－27節の「パン切れを浸した後［取って］、イスカリオテのシモンの子ユダに与える。パン切れ〔を受け取って〕後、その時、サタンがこの人の中に入った」という一節が、はっきりと表現されている。同時に詩篇四一篇10節の「私の信頼していた仲間／私のパンを食べる者が／威張って私を足蹴にします」という記述もここに反映されている。イエスは玉座に座り、テーブル、杯、パンなどのすべてが省略され、ユダとイエスの二人が強調されている。一般的には、ユダはイエスより小さく描かれることが多いが、ここではユダの体はイエスより大きく描かれている。イエスはパン切れをユダの口に運ぶと同時に黒い鳥（悪魔）がユダの口の中に入っている。ユダは体を「く」の字に曲げ、つまさき立ちをしている。また、左足を上げて、指先をイエスの反対側に曲げている。これは、ヨハネ福音書一三章30節の「さてこの人はパン切れを受け取るや、ただちに出て行った」の箇所を表現したもので、パン切れを受け取るやいなや、ユダがあわててイエスのもとから立ち去ろうとしている姿をよく表している。イエスの隣にいる弟子はおそらくペトロであろう。ペトロは、ユダの方を向いて何かを問い詰めるような仕草をしているが、これはヨハネ福音書一三章24節の「シモン・ペトロが、〔イエスの〕言っているのが、いったい誰であるのか、問いただすようにと、この人に合図した」との記述と関係があるのかも知れないが、ヨハネが描かれていないので、断定はできない。また、イエス、ユダ、ペトロを描いて、イエスを否認した弟子とイエスを裏切った弟子を関連づける解釈も可能かもしれないが、これは推測の域を出ない。あるいは、ユダに入る悪魔は、コリント人への第一の手紙の一一章27、29節の「かくして、ふさわしくない仕方でパンを食べたり、あるいは主の杯を飲む者は、主のからだと血とに対して罪ある者となるであろう」、「食べ、そして飲む者は、もしも〔主の〕からだを識別しないなら、自分自身に対してさばきを食べ、そして飲む〔ことになる〕からである」という記述とも関係していよう。アウグスティヌスは、「最後の晩餐」でユダは聖体を拝領したが、キリストの肉と血にそむいた、と述べている。

鳥の形をした悪魔がユダの口の中に入っている作例は、ヴィスシャルドの戴冠典礼書写本（図15）にもみられる。ハインリヒ三世の黄金の福音書（図13）と同様に、イエスは長いテーブルの中央に座り、テーブルの上には二尾の魚が置かれている。弟子たちは手のひらをこちらに向け、驚きを表している。ヨハネはイエスにもたれかかるというより、イエスの膝の上に抱かれ、あたかもマリヤに抱かれる幼子イエスのようである。しかし、ヨハネは目を開き、イエスを裏切った弟子は誰なのかと尋ねている（ヨハ一三24）。ユダは弟子たちから完全に孤立して、テーブルの前で椅子に座り、右手でパン切れを鉢に浸し、左手のパン切れを自ら口に運んでいる。この絵では、ヨハネ福音書の、「私がパン切れを浸して、与えることになる人がそれだ」ではなく、マタイ福音書二六章23節の「私と共に鉢の中に〔食物を持った〕手を浸す者、その者が私を引き渡すであろう」と、マルコ福音書一四章20節の、「十二人の一人で、私と共に鉢の中に〔自分の食物を手で〕浸す者〔がそれだ〕」という言葉を反映し、図像化したものである。要するに、口に悪魔が入るユダと、自分の食物を手で浸すユダとの、マタイ福音書・マルコ福音書の記述が同時に描かれているのである。下部には洗足の場面が描かれているが、弟子の数を数えると十一人しか描かれていない。上段のユダは他の十一人が長い衣を着ているのに対して、一人だけ細い袖のローマ風の服を着ている。同様の服装をした人物は、下段の洗足の画面には見あたらないので、ユダが意図的に除外されている可能性もある。もちろん、洗足はユダも受けているのであって、聖書の文脈からするとこれは不自然である。しかし、洗足の時には悪魔はすでに、イスカリオテのシモンの子ユダの心にイエスを引き渡す考えを吹き込んでいた（ヨハ一三2）ので、ユダは洗足の場面からもあらかじめ除外されたのかもしれない。

この洗足の図像において、ユダを特定するのは難しい。ただ、一五世紀のハウスブーフの画家による受難祭壇画（図16）には、ニンブスが省かれ、特有の悪しき風貌をしたユダが右端におり、イエスの洗足をいぶかしげに見つめている。その他、下段に洗足の図があるのが、ハインリヒ二世の典礼書挿絵（図17）やインゲボルグ詩篇挿絵（図18）である。前者で

図19（部分）　ユダの足元に横たわる魔物。牙をむき，尾は蛇になっている。

は、イエスは東方の伝統を反映して、楕円形（ほぼ半円形）のテーブルの左端に足を投げ出して座っている。イエスの隣にいるのは、ヨハネではなくペトロであり、下段の洗足同様に手をあげ、イエスに問いかけている。ユダは折りたたみ椅子に腰掛け、右手を鉢に入れている。インゲボルグの作例で、イエスは図16の受難祭壇画と同様、左端におり、パンと杯を弟子たちに示している。これは明らかに聖餐式の場面であるが、弟子たちがパンを受け取る仕草はなく、その表情は不安な様子で、弟子たち同士が話し合っている。ユダは、テーブルの前の地面に座り込み、左手を鉢に入れ、右手でパンを受け取り、口に運んでいる。他にパンを受け取っている弟子はおらず、この図像を見る限り、イエスの聖体を最初に拝領したのは他でもない、ユダということになる。ヨハネはイエスの膝にもたれかかり、目を閉じている。下段の洗足では、ヨハネ福音書一三章4、5節の「手ぬぐいを取って、腰に巻きつけた。それから、たらいに水を入れる。そして、弟子たちの足を洗っては、巻きつけた手ぬぐいで拭き始めた」

という記述を忠実に描いている。

ユダの身中に入りこむ悪魔が怪物とされているのが、ヴォルテルラ聖堂の石浮彫り（図19）である。長いテーブルの左端にはイエスが座し、その足元に跪くユダにパンを与えている。ユダは、イエスを見上げ、真剣な表情を浮かべてパンを受け取ろうとしている。ユダの足元には歯を剝き出しにして、蛇の尾をもつ怪物が寝そべっている。ユダは、他の弟子からは完全に孤立してテーブルの前にいるが、観る者の視線は、イエスとユダとの関係（会話）に否応なく注がれる。

図20（部分）　盗人としてのユダ。食事の席から盗んだ魚を後ろ手に隠す。

ヨハネ福音書一二章3節には、マリヤが純粋で高価なナルド香油一リトラを取ってイエスの足に注ぎ、自分の髪の毛でその足を拭ったというエピソードがある。その時、ユダは「なぜ、この香油は三百デナリオンで売られ、貧しい人々に施されなかったのか」と言う。この言葉は、ユダが貧者に心を配っていたがゆえに発せられたのではなく、ユダが盗人であり、金庫番でありながら、その中身をくすねていたからである、とヨハネは記す。ヨハネによれば、ユダは盗人にほかならないのである。

盗人として描かれたユダの図像も少なからず存在する。一つをあげるとすれば、クロスターノイブルク祭壇画の七宝細工（図20）である。ここでのユダは、イエスからパン切れを受け取り、右手を鉢に伸ばしているが、左手には魚を持ち、それを後ろ手に隠している。この魚はイエスの肉体でもなく、伝統的な聖餐式のシンボルでもなく、単に「最後の晩餐」の食材である。手を背後に回している「盗人」としてのユダは、ほかにもボウツの聖餐式の祭壇画の板絵（一四六四〜六七年、ルーヴェン）や、ルカス・クラナッハ（工房）の宗教改革者の祭壇画（一五六五年、デッサウ）などにも登場する。その絵の中でユダが手にしているのは魚ではなく、銀貨の袋である。

2　ゲッセマネに現れるユダ

ゲッセマネの場面は、ヨハネ福音書を除く、共観福音書すべてにある。しかし、祈りの場所としてマルコ、マタイ福音書ではゲッセマネという地名が使われ、ルカ福音書ではオリーブ山と記述されている。祈りの際にイエスが伴ったのは、マルコ福音書ではペトロ、ヤコブ、ヨハネの三人でそれぞれ実名で記され、マタイ福音書ではペトロとゼベダイの二人の子とされている。そして、眠ってしまった弟子にイエスが話しかける場面では、「ペトロ」と実名で名指される。

またイエスは、弟子たちの待つところと祈りの場所との間を行ったり来たりする。マルコとマタイの記述からすると、三往復していることがわかる。さらに、祈るイエスの姿勢について、マルコは「大地にひれ伏し」とし、マタイでは、「顔を〔大地につけて〕ひれ伏し」とされる（新共同訳では、「うつ伏せ」と訳されている）。もう一つ加えれば、ルカ福音書だけに、イエスを励ます天使の記述が登場する。この箇所は後代の加筆であるが、図像学上は、ルカの記述の一部であることを前提に考えることとする。「立て、行こう。見よ、私を引き渡す者が近づいた」（マタ二六46、およびマコ一四42）とイエスが述べた次の瞬間、ユダは群衆を先導してゲツセマネの園にやってくる。

ゲツセマネのテーマは、三つの系列に分割することができる。(1)祈るイエス、(2)天使の励ましとイエス、(3)眠れる弟子を起こすイエスの三種類である。(1)の「祈るイエス」のテーマに関わる最初期の作例には、ブレッシアのリプサノテカ（聖遺物匣）の受難物語がある。オリーブ山の木の間に立つイエス像で、三六〇～三七〇年頃の作とみられる。同じく四世紀の作例としては、セルヴァンヌの石棺彫刻がある。キリスト教美術の最初期から「祈るイエス」の主題があったことになる。ついで六世紀まで時代がくだって、ラヴェンナのサン・タポリナーレ・ヌオヴォ教会のモザイク（図21）。ここでのイエス像は、オリーブ山を思わせる岩の上に立ち、両手を上げるポーズをとっている。これは、プリシㇽラのカタコンベの壁画に描かれた、ベールを被ったオランス像（三世紀中頃）のそれと酷似している。オランスとは、「キリスト教の信者」を表すとされているが、ラヴェンナのモザイクのイエス像は、両手を上げて弟子たちに語りかけている姿となる。足元には右に五人、左に六人の弟子たちが思い思いの格好で座っている。モザイク画ではあるが、イエスは視線を観る者の方に向け、堂々としている。それとは対照的に、弟子たちの表情には戸惑いや不安がうかがえる。弟子の数が十一人なのは、もちろんユダが欠けているからであり、次の場面での「裏切り」が迫っていることを表す。すべての弟子たちは、眼を開いているので、イエスが三人の弟子を伴い、祈りに向かう前、「私が向こうに行って祈っている間、このところに座っていなさい」（マタ二六36）と弟子たちに告げる場面であろう。これに対して、六世紀後半のロッサノ福音書写本挿絵では、イエスは膝を折って地面にひれ伏している。この姿勢は明らかに、マタイ福音書の「顔を〔大地につけて〕ひれ伏し」という記述を図像に映したものだ。イエスは、左右の二ヵ所に描かれており、左のイエスは弟子の一人に手を差しのべ、揺り起こしている。この弟子はペトロであり、彼はイエスの言葉にも気づかず眠っている。しかしながら、同じ場面でペトロは眼を覚まし、イエスと会話している図像も多数ある。オットー三世の福音書写本挿絵（一〇世紀末、ライヒェナウ）、モンレアーレ大聖堂のモザイク（一一八二〜九〇年）、テトラの福音書（一一七八〜八〇年、パルマ図書館）のペトロも目覚め、イエスと会話している。これらの図像では、一つの画面にイエスが複数描かれるが、こうした手法は初期キリスト教美術では珍しいことではない。先に触れたように、福音書のゲッセマネの場面では、イエスは弟子と、祈りの場所との間を三度往復している。一つの画面に複数のイエスが描かれるのは、時間と空間の変化を表現するための手段だったのである。

また祈りの場面に、いわゆる「神の手」(Dextra Domini) が描かれることもある。サン・ジェルマン・デ・プレ教会のシュトゥットガルト詩篇写本（八二〇～八三〇年）は、その最初期の作例である。イエスは、ルカ福音書における「跪いて祈り」という記述を表すように上半身を起こし、両手を上げて祈っている。イエスのニンブスの上方に、神の手が見える。もちろんマルコ福音書一四章36節、マタイ福音書二六章39節の祈りの場面であるが、福音書にはイエスの祈りに応える父なる神については具体的に触れられてはいない。しかし、父なる神と人の子イエスとの関係は、神学的に最も重要な主題の一つであることに変わりはなく、視覚表現がそれを強調する役割を担っていると考えられる。「神の手」の表現は、言葉では表すことができない、神の顕現の象徴的表現を図像として可能にするものである。また、ゲッセマネの祈りが、後に典礼のプロトタイプとなったことを示す作例が、ロンドンにある象牙浮彫り（図22）である。眠りこける十一人の弟子たちに語りかけるイエスの上部には、ひれ伏して祈るイエスが描かれ、その前に「祭壇」が置かれている。祭壇の上には十字架が据えられ、その上部に神の手が描かれている。ゲッセマネの場面に、祭壇についての言及などは皆無であるが、典礼と深く関わっていることは明らかである。

ついで、イエスを励ます天使の図像表現だが、この天使をめぐる記述はルカ福音書のみにみられるものであり、しかも後世に書き加えられた箇所であることは聖書学上ほぼ確定している。しかしながら図像としては、このルカの一節による作例は多い。初期の例は、ベネヴェント大聖堂の聖堂扉にあるブロンズ浮彫り（一二世紀末）である。山の中腹で跪いて祈るイエスの上から、天使が両手を差し伸べている。モンレアーレ大聖堂のモザイクでは、十字架の杖をもった天使が右手を差し延ばしている。中でも興味深いのは、インゲボルグ詩篇写本挿絵（図23）である。図像の上段では二人の天使が香炉を振っている。これは詩篇一四一篇2節の「据えられますように、わが祈りがあなたの前に香煙として、わが両掌を挙げることが夕べの供え物として」という記述を反映している。イエスは跪き、両手を高く上げて祈っているが、これは明らかに典礼のプロトタイプとなった姿勢である。そして、下段には弟子たちが眠っているが、注意深く数えると十二人の弟子が描かれている。ということは、この中にユダも含まれていることになるのだろうか。もちろん、ゲツセマネの園にユダはいるはずもなく、作例でもゲツセマネで眠るユダの図像はまずないと言っていいだろう。ここでは十二人が描かれていることに、何かしら重要な意図が込められているのだろうか、単に十二という数の象徴性からくる表現なのか、にわかに判定するのは困難である。しかし、同写本におけるマグダラのマリヤが弟子たちにイエスの復活を告げる場面（図2）でも、十二人の弟子が描かれている作例がある（それに関しては後述）。

一五世紀以降になると、ゲッセマネの場面はより具体的かつリアルに描かれるようになる。中部ラインの画家の祭壇画（一四一〇年頃、図24）、ハンス・ムルチャーのヴルツァッハの祭壇画（一四三七年、ベルリン国立博物館、図25）、上部ラインの画家の祭壇画（図26）などには、ユダの一行がイエスを捕らえようと垣根を破り、侵入してくる場面がある。ムルチャーの板絵では、ユダは武器を持った人々を先導し（ルカ二二47）、荒々しく垣根を越えて園に侵入している。イエスに向かって指を差し、接吻をする前にイエスの存在を群衆に知らせている。三人の弟子たちは眠り込み、ペトロは剣を抱きながら目を閉じている。イエスはユダとその群衆には無関心で、天使が掲げる十字架に跪いて祈っている。杯は見あたらない。また、上部ラインの画家の作品では、ユダは扉を開けて園に侵入し、イエスを指さしている。イエスは額と両足から、茨の冠を被せられた図像にみられるように血を流しているが、これはルカ福音書二二章44節の「そこで彼は死にもの狂いになり、いっそう熱烈に祈った。すると彼の汗は、地に落ちる血の塊のごとくなった」の記述を反映している。新共同訳はこの箇所を、「汗が血の滴るように地面に落ちた」と訳しているように、「血の汗」とは比喩であって、「汗を血のように流した」というのが字句に添った自然な解釈かもしれない。しかし、図像としては文字通りの「血の汗」として描かれ、これからまさに起きようとする受難の中で流される、おびただしいイエスの血を思い起こさせるものとなっている。

イエスは、岩の上に置かれた杯に跪いて祈っている。この杯が置かれた岩は祭壇のようであり、これはマタイ福音書一六章18節の「あなたに言う、あなたこそペトロである。そしてこの岩の上に、私は自分の教会を建てよう。そして黄泉の門も、これに勝ることはないであろう」と関連しているかもしれない。より明らかに関係を示す表現は、ロンドン・ナショナルギャラリーのマンテーニャの作例（図27）にみられる。イエスは岩の舞台（教会）の上で祈り、その前には祭壇の形をした岩がある。杯は見当たらないが、その上空には十字架、槍、海綿のついた棒、鞭打ちの柱をもった五人の天使が雲に乗って現れる。この天使たちはイエスを励ます存在というよりも、十二軍団以上の天使（マタ二六53）として描かれているようである。

イエスが血の汗を流すという表現は図24にもみられ、イエスの白い衣は赤い血に染まっている。祈るイエスの前には杯があり、その上にニンブス（もしくはマンドルラ）が置かれ、十字架をもった神の手が描かれて、イエスは神の手をじっと見つめて悲痛な表情をしている。これはマルコ福音書一四章36節の「アバ、お父さん、あなたには何でもおできになります。この杯を私から取り除いて下さい。しかし、私の望むことではなく、あなたの望まれることを」という一節の、神に「お父さん」と呼びかけ、父なる神にすがろうとするイエスの心情が表現されている。

最後に、ユダの図像とは直接の関係はないが、レンブラントの素描（図28）を取り上げたい。レンブラントの素描には、ルカ福音書二二章43節の「天から一人の御使いが彼に現れ、彼を力づけ出した」という場面がみごとに描かれている。天使はイエスを抱擁し、悲しみにくれ「血の汗」を流すイエスの顔をのぞき込んでいる。イエスは天使の励ましに安堵しているように跪き、天使の抱擁を受け入れている。細密な表情の描写はないが、十分感情移入が可能な表現で、宗教画を超えた近代的な作品と言えよう。

3　ユダの接吻

ユダの裏切りの場面において、図像学として重要なのが接吻の場面である。しかし、実際にユダがイエスに接吻するのはマルコとマタイの二つの福音書だけであり、ルカ福音書では「接吻するために近づく」とされるだけで、ヨハネ福音書にも接吻の場面はなく、逮捕しようとした人々は「後ずさりして地面に倒れた」とある。また、逮捕の方法も、中世末期にみられる乱暴な逮捕の場面とは違い、マタイ、マルコ福音書では「手をかけて」、ルカ福音書では「取り押さえて連行」、ヨハネにおいてはじめて捕らえて「縛り」という記述が登場するように、特に暴行の場面があるわけではない。しかし、弟子の一人が、剣で捕縛にきたものの手下に斬りかかる場面は、四福音書すべてに共通している。ヨハネ福音書は、この剣をかざしたものをシモン・ペトロと実名で示し、切られた手下もマルホスと実名があげられている。イエスがペトロの行為を戒める場面は、マルコ福音書以外のすべてにある。切られた手下の耳を癒す場面は、ルカ福音書だけにある。そして、マルコ福音書に登場する亜麻布の若者はマルコ自身であるとされてきたが、現在の研究ではそれが誰であるのかは不明とされている。

ユダの接吻はすでに四世紀頃から石棺彫刻に現れるが、イエスの心情が現れる接吻の初期の作例としては、やはりラヴェンナのモザイク（図29）があげられる。ユダはイエスに接吻し、イエスは眼を見開いて平然と接吻を受け入れている。首をかしげ不安そうな弟子たちの中で、ペトロだけは剣の柄を取り、今にも引き抜こうとしている。続く捕縛の場面では、捕らえられるというよりも、長老たちを従えて歩いているような感じさえ受ける。アウグスティヌスの福音書写本（図30）では、イエスは手下二人に手（腕）をつかまれており、マルコとマタイ福音書の記述を思わせる。その左横では、ペトロが剣を振り上げている。接吻もなく、マルホスもいない。G・シラーは、これを当時まだマルホスの話が定着していなかったからだとしている。シュトゥットガルトの詩篇（図31）では、兵士の一人が右手を伸ばし、ユダの接吻を受け入れているイエスの腕をつかんでいる。イエスと兵士の右腕とは、一際大きく描かれており、福音書の記述をよりわかりやすくしようとする意図がうかがえる。画面の右端には、ユダが首を吊っている場面が加えられており、その口からは黒い鳥が入り込んでいる（もしくは出ている）。これは詩篇七篇15–17節の「見よ、彼は悪事をはらみ、禍いを身ごもって虚偽を生む。坑を彼はうがち、それを掘っておのれのつくる穴に落ちた。帰れ、

図31（部分）　ユダの口に入る黒い鳥（悪魔）。

彼の禍いは彼の頭に。彼の脳天に彼の暴虐は、下れ」の箇所でもある。

アイルランドのケルトの写本（七〇〇〜七一〇年頃、ダブリン）には、杖のように描かれたイエスの手を手下がしっかりと握っている場面がある。ユダの接吻のシーンはない。ウィンチェスターのコットン詩篇（図32）では、一人の兵士がイエスの手首を摑んだまま振り返り、別の兵士に捕縛を告げている。ユダは右手をイエスの肩に回し、接吻をしている。イエスは右手をユダの肩越しに上げて語りかけている。この場面がマタイ福音書二六章50節の「友よ、あなたがなそうとしていること〔をなすがよい〕」なのか、もしくはルカ福音書二二章48節の「ユダよ、あなたは接吻で〈人の子〉を引き渡すのか」という記述によるものなのかはわからない。ユダは接吻というより、イエスに頬ずりをしているようにみえる。イエスは無表情で平静である。エグベルティ写本（図33）では、腕を摑まれ、捕らえられたイエスが、マルホスに斬りかかるペトロを戒めている。ペトロに向かって指を差し、視線を合わせ、「あなたの剣をもとのところに収めよ。『剣を取る者は皆、剣で滅びる』」と告げて厳しく戒める場面である。ペトロは剣を振りかざし、マルホスに斬りかかる直前であるが、耳は切り落とされてはいないので、未遂に終わっている。マルホスは子どものように描かれ、ペトロに頭を押さえられ、左手をイエスに向けて上げ、助けを求めている。ユダはイエスの両肩に手をかけ、しがみつくようにして接吻しているが、イエスは完全にユダを無視している。

福音書の記事では、ペトロがマルホスに斬りかかったところ、偶然に耳を切り落としてしまったはずなのだが、サン・タンジェロ・イン・フォルミス教会壁画（図34）では、ペトロは抵抗するマルホスにのしかかり、耳をつかみ、剃刀のような剣で切り落とそうとしている。ユダはイエスの体に密着して接吻しているが、イエスの表情は平静である。画面の右側にいる、ユダヤの長老と会話する人物はユダかもしれないが、銀貨を受け取っている場面がないので断定はできない。ホーフガイスマールの祭壇板絵（図35）には、イエスがマルホスの耳を癒す場面がある。マルホスは血のしたたる耳を自ら指さし、イエスはそれに触れて癒している。ペトロはことを終え、剣を鞘に収めている。イエスはペトロの方は見ず、ユダの接吻を受け入れている。

ルカ福音書二二章51節の「止めよ、そこまでだ」を、マタイ福音書二六章52節の表現（剣を取ることの禁止）と対比して、ルカ福音書のイエスはペトロの剣の使用を許容した上で、それに限定を加えている、という解釈が本書では示されている（本書一一〇頁以下）。すなわち、マルホスの耳を切り落とすところまでは、イエスによって認められている、という興味深い見解なのだが、図像表現にうかがえる限りでは、そこまでは明言しえない。そのことよりも、図像学ではイエスが直接手を触れて癒す行為が描かれていることの方がより重要であり、それは一連のイエスによる癒しと奇蹟のエピソードと響き交わすものである。すなわち、盲人を癒す場面（マタ二〇29-34、九27-31、マコ八22-26、ヨハ九1-12）や、重い皮膚病を癒す場面（マタ八1-4、マコ一40-45、ルカ五12-16）の図像化である。イエスが手で触れた盲人やハンセン病患者たちは、たちまち良くなったとされている。イエスの時代、病は罪と同様なものとみなされ、病人は徴税人、娼婦らと同様の罪深い者とされて社会から隔絶されていた。したがって、「病を癒される」ということは病人にとっては罪を赦され、最終的には救済されることを意味するとともに、被差別民から脱却して、社会へ復帰できることをも意味していた。だとすれば、イエスがその傷に触れ、癒されたマルホスにも贖罪と救済の可能性が出てくるはずなのだが、その後マルホスが回心し、イエスの教えに従ったというエピソードは語られることはない。

ハインリヒ三世の黄金の福音書（図36）では、マルコ福音書に登場する亜麻布の若者が描かれている。この場面は画面のおよそ右半分にあり、マルコの記述をはっきりと表している。しかし、亜麻布を捨てて、裸で逃げる（マコ一四52）弟子の姿が描かれたことはない。しかし、ドゥッチオのシエナの祭壇画（一三〇八～一一年、シエナ大聖堂美術館）には、イエスを見棄てて逃げる弟子たちの像が描かれている。

また、作例は少ないが、ヨハネ福音書の場面もある。ベネヴェント大聖堂扉のブロンズ浮彫り（図37）には、イエスの「私〔なら、ここに〕いる」、「私はいる」という言葉を聞き、後ずさりして地面に倒れる兵士の姿が描かれているが、ユダの姿はない。また、フラ・アンジェリコの絵画（図38）ではユダの接吻と地面に倒れる人々が描かれており、四福音書の要素が一つの画面に集約されている。ユダのニンブスは黒く塗りつぶされている。

最後に、ジオットのスクロヴェーニ礼拝堂壁画（図39）の作例をあげよう。K・バルトによると、イエスはユダの「ために」立ち、ユダはイエスに「逆らって」（もしくは対立して）立っている。ジオットのイエスには、厳しさの中にも非難の表情も、さりとて憐れみの表情もなく、静かで激しい眼差しをユダに向けるばかりである。このことは、「マタイによれば、イエスはユダの『引き渡し』に自ら進んで応じ、しかもあくまで平和を貫いた」（九一頁）という本書の指摘に当てはまるであろう。

イエスは、ユダに「友よ」と呼びかけていることからも、ユダに対する思いは否定的に記されてはいない。しかし、接吻の場面においては、イエスとユダとの対立が解消さるべきものではない。ユダはその黄色い衣でイエスを覆い隠そうとするが、できない。ユダの顔はイエスより小さく、鼻は鷲鼻で、目はくぼんでおり、悪しきユダヤ人の特徴を具えている。マルホスの右耳を切り落とすペトロの右前に、後ろ向きになった僕が逃げていく弟子の衣をつかんでいる。逃げていく人物はおそらく亜麻布の弟子であろうが、画面の外に消えている。画面の後ろには、剣、棒、松明、灯火、武器、が林立して描かれ、マルコ、マタイ、ルカ、ヨハネ福音書の記述を正確に再現している。

4　銀貨三十枚を受け取るユダとユダの死

ユダは祭司長のもとに赴き、イエスを引き渡す相談をする前に、塗油の場面に立ち会っている。罪深き女が三百デナリオンもする高価なナルドの香油を、イエスの頭と足に塗り始めた。弟子たちはこの無駄遣いに激しく怒るが、イエスはその女に対して、「世界中でこの福音が宣べ伝えられるところはどこでも、この女自身の行なったこともまた、その記念として語られるであろう」（マタ二六13、マコ一四9）と、怒る弟子をたしなめる。ヨハネ福音書においては、この弟子とはイスカリオテのユダと特定され、同時に金庫番でありながら、盗みを働く弟子として描かれる。エグベルティ写本挿絵（図40）では、ヨハネ福音書一二章1節から3節の場面が描かれている。給仕するマルタとイエスの足に香油を注ぐマリヤ（マリヤム）がおり、ユダはテーブルの右端で右手を上げて、「なぜ、この香油は三百デナリオンで売られ、貧しい人々に施されなかったのか」と、イエスに訴えている。図像の中にユダの名前が記されていなければ、ユダと特定することはできないだろう。また、このマリヤは、しばしばマグダラのマリヤと混同して描かれる。

ニコラ・フロマンの板絵（図41）に描かれるユダは、画面の左端におり、イエスの足に香油を塗る罪深き女を指差している。ユダ像特有の醜い顔に描かれ、その左手には銀貨三十枚の入った袋が握られている。もちろん銀貨を受け取るのはベタニアの塗油の後なので、つじつまはあわないが、一五世紀ともなると、銀貨の袋がユダのアトリビュート（持物）として完全に定着している。パンをナイフで切るシモンも、イエスに疑いの眼差しを向けているが、イエスは平静に女の塗油を受け入れている。テーブルの上には、子羊、パン、ワインが置かれ、これは聖餐式の食事と同様であることを意味している。その後、ユダは祭司長のもとに行き、イエスを引き渡す画策を行なうことになる。

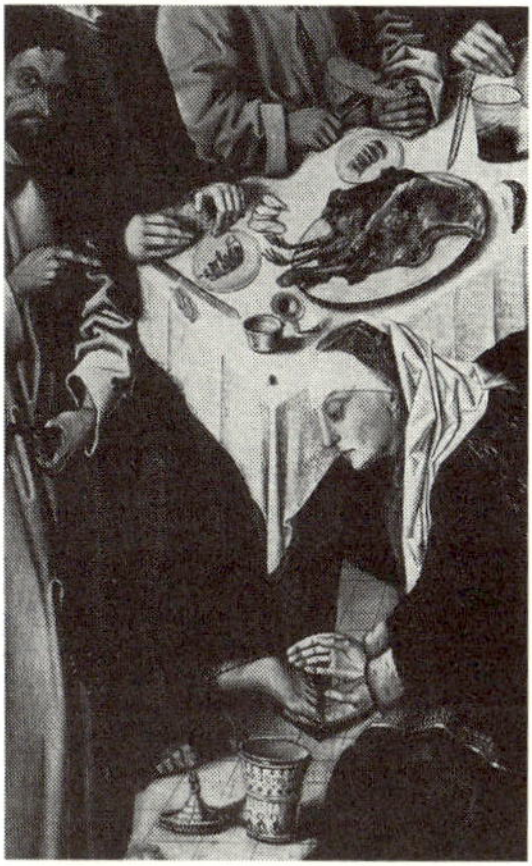

図41（部分）　香油を塗る女を激しく非難するユダ。典型的な悪役顔である。

ユダが祭司長から銀貨を受け取っている様を描いた図像は、ベルンヴァルトの福音書写本挿絵（図42）などが初期の作例とされる。上段には「最後の晩餐」のユダがイエスからパン切れを受け取る場面が、下段には三人の祭司から銀貨三十枚を受け取るユダが描かれている。ユダは、両手を出して銀貨を受け取っている。祭司長らしき人物は、ユダと打ち合わせているように描かれ、イエスを引き渡す方法を協議しているのであろうか（ルカ三二4）。前述した、ジオットのスクロヴェーニ礼拝堂壁画（図43）にも、ユダが銀貨を受け取る場面がある。この画面ではユダとほとんど同じ背丈に描かれた悪魔が背後におり、ユダの右肩に手をかけている。この悪魔は、ヨハネ福音書一三章2節にある、ユダの心にイエスを引き渡そうという考えを吹き込んだ悪魔である。ユダは銀貨の袋を左手に握り、祭司長と会話している。祭司長はイエスを捕らえることに躍起になっているのか、その眼差しは真剣である。それに対してユダは、平然と祭司長の話に耳を傾けている。ナウムブルク大聖堂の彫刻（図44）では、ユダは膝の上に布を広げ、身をかがめながら銀貨を受け取っている。祭司長はユダと視線を交わさず、正面を向き、他の祭司の耳打ちを眉間に皺をよせて聞いている。

その後、イエスを引き渡したユダは、イエスの死刑が宣告されたことを知り、後悔して銀貨三十枚を祭司長と長老に返そうとするが、拒否される。ユダは銀貨を神殿に投げ入れ、立ち去る。そして、出て行って、首をくくるのである。首を吊るユダの像は、五世紀北イタリアの聖櫃の象牙浮彫り（図45）が最初期のものである。イエスの磔刑図の左に、木の枝で首を吊るユダがおり、銀貨三十枚の袋はそのまま足元に置かれている。カロリング期の写本装丁版の象牙浮彫り（図46）では、上段から、洗足、ピラトゥスの洗手、ユダの自殺、イエスの墓が描かれる。ユダは祭司長に銀貨を返そうとするが、頑なに拒否される。そして、振り返って、首を吊る自分の姿を目撃しているように描かれる。ベネヴェント大聖堂のブロンズ扉（図47、48）には、銀貨の返却と自殺の場面が描かれている。ユダは、祭司長の座る机の上に銀貨を撒き散らして立ち去っている。このユダの姿は、同じブロンズ扉にある、イエスを三度否定したことを思い出し、外に出て激しく泣くペトロの姿と酷似している。ペトロは、「皆の者があなたに躓いたとしても、この私は決して躓きません」、「たとえもし私があなたと一緒に死なねばならないとしても、決してあなたを否んだりは致しません」（マタ二六33、35）と宣言したが、最高法院の中庭で、女中たちに疑いをかけられると、一転、呪いの言葉さえ発しながらイエスを知らないと否定する。その時に鶏の啼き声を聞き、イエスの予告通りになったことを思い出して、激しく泣く。ベネヴェントのブロンズ浮彫りには、ユダとペトロの後悔とが、同じものとして描かれている。

他の首を吊るユダの作例では、ユダの図像は、使徒行伝一章18節の「腹が真中から引き裂け、腹わたがみな流れ出てしまった」という一節を表している。しかし、首を吊るユダの後ろには明らかに天使がおり、左手をユダの右肩に回している（図48）。G・シラーはこの天使についてまったく言及しておらず、果たしてこの天使がユダに自殺を促しているのか、首を吊るユダを「救っている」のかは判断の分かれるところであろう。もし、死んだユダが天使によって救われる像であるとするならば、ユダの死に、新たな解釈が付与された実例となるかもしれない。

やはり作例としては、ユダの死を悪魔と結びつけるものの方が数多い。フライブルク大聖堂のティンパヌムの石浮彫り（図49）のユダは、首を吊り、腹が裂けて内臓が出ている。左手からは銀貨がこぼれ落ち、その上部にはグリフォンの足を持つ魔物がおり、その表情はユダの末路をあざ笑っているかのようである。また、シュトラスブール大聖堂のティンパヌム（図50）では、一匹の山羊が首を吊るユダに寄りかかっている。この山羊は、目隠しをして折れた杖もしくは槍を持つ女性、シナゴーグ（ユダヤ教もしくはユダヤ教会の擬人像）と共に描かれ、エクレシア（キリスト教もしくはキリスト教会の擬人像）の対極の存在として描かれているのがわかる。このシナゴーグは、磔刑図の向かって右側、すなわちイエスの左側に立ち、キリスト教に敵対する悪しき存在、すなわち不信者である。そして、この山羊は、地獄の穴に住む悪魔の姿に代えられることがよくある。

図48（部分）　首を吊るユダの背後に天使が現れる。ユダを救っているのかどうかは不明。

5　受難図におけるユダ

一四世紀末からイタリアを起源にして始まり、後にドイツ上部ライン地方を中心に展開する新たな宗教画のジャンルが確立した。それは Andachtsbild と呼ばれ、「祈念像」「敬虔図（像）」という邦訳が与えられている。その図像は、イエスの生涯を歴史的に辿ることではなく、主にキリストの受難の場面を強調し、イエスが受けた苦しみを追体験することを目的とする。そして、瞑想に至り、最終的にイエスとの神秘的融合を願うという効果を作り出す図像である。図像テーマは「悲しみのキリスト」(Schmerzensman)、「キリストの武器」(arma Christi) などがある。その中で、アルマ・クリスティの作例におけるユダの図像を検証してみよう。

まず、一四世紀初頭の写本（図51）だが、この図の右には鞭打ちの柱、槍、梯子、イエスの衣、鞭、葦の棒があり、左には、釘抜き、金槌、紐、三本の釘、そして下部にユダの銀貨三十枚が並べられている。受難を象徴する道具や物が整然と配置されることで、より純粋かつ直接的にイエスの受難と向き合うことを図像として表現したものである。

一五世紀後半の中部イタリアの板絵（図52）では、イエスは、棺から身を起こし、両手を前に交差させて、瞑想している。その右側には、銀貨を受け取るユダの手、剣で切り取られ

図53（部分）　ユダの接吻とペトロの否認の関連性が強調されている。

るマルホスの耳、松明、ペトロの鶏、ピラトゥスの洗手、サイコロ、そして梯子には首を吊るユダの頭などがある。左側にペトロと女中、つばを吐きかける兵士、その下には鞭打ちと磔刑の道具が置かれている。このジャンルの図像で特筆すべき点は、ユダとペトロの否認とが一つのグループとして描かれていることである。ロレンツォ・モナコの板絵（図53）は、十字架の袖木にペトロの否認とユダの接吻とが左右対極に描かれている。フラ・アンジェリコの作例（図54）では、十字架の画面右側に目隠しされて暴行を受けるキリストと、銀貨三十枚を受け取るユダの手があり、左側にはユダの接吻とペトロの否認が描かれている。この種の図像ではユダ、ペトロは欠かせない要素となっていることが読み取れるのである。先に、ユダの裏切りとペトロの否認とを安易に結びつけることは避けたいと、記したが、中世末期には、画家がペトロの否認の中にユダのそれと同様の罪を見出していたことも確かなのである。しかし、ペトロは罪を犯したというよりも、イエスを三度否認したことに激しく後悔したのである。もちろん、ユダもイエスを引き渡した後、激しい後悔に苛まれるのので、この後悔という次元でユダとペトロを同一視したと考えるのが妥当なのかもしれない。というのも、これらの図像が、受難物語をシンボル化し言語化して、人間の犯した罪を、人間が罪深い存在であることを、観る者に徹底的に自覚させることを主眼としているものだからである。

すなわち、罪を見つめ、「キリストは、聖書に従って、私たちの罪のために死んだ」というコリント人への第一の手紙一五章3節を明確に意識させる図像だということである。またパウロの「神に立ち帰らせ、私に対する信仰によって、罪の赦しを受け、聖別された人々と共に〔神の子らの受ける〕分け前にあずからせるためである」（使二六18）という概念を図像化したものに違いないのだが、ここでその罪の赦しがユダにも及んでいるか否かは、重大な関心事であろう。しかしながら、受難物語を人間の罪の自覚という点を強調して、わかりやすく図像化することを第一義の目的としたこれらの作例には、自分を裏切ったユダでさえ赦すイエスは見出すことができず、あるいはもっと広く図像学的にはそのような解釈を映したものは存在しないと言った方が無難

図54（部分）　ユダの接吻とペトロの否認は同等の扱いを受けている。

なのではないか、というのが一応ここでの結論である。

6　ユダの図像をめぐる二つのテーマ（仮説として）

冥府への降下

まず「冥府への降下」の図像を取り上げたい。冥府への降下のテーマは、「リンボのキリスト」「地獄からの救出」などの題のもとに図像とされてきた。イエスが死後、地獄へ降ったというエピソードは聖書の記述にはないが、初期教会においては強く支持され、四世紀には信仰として定着していた。イエスは地獄に降り、死者たちを上部の世界へ連れ戻す。そうする中でイエスはサタンを倒し、旧約聖書の聖人たちの魂を解放する。これらの人々は、イエスの祝福を受けることのない時代に生き、そして黄泉に降ったので、救出されるまで、黄泉の世界に閉じ込められていたのである。イエスは十字架のついた旗をもち、悪魔たちは暗闇の中へと逃げていく。人々は群れをなして洞窟から抜け出し、その先頭の者はキリストの手を取ろうと、手を差し伸べている。最初に救われるのが白い鬚の老人となったアダムであり、続いてエヴァ（時に老婆として描かれる）、そして羊飼いの杖を手にし、多くの場合革衣をまとっているアベルがその後に従っている。他にも、モーセ、ダヴィデ王、イエスと共に刑死した盗賊たち、そして預言者たちの最後に、十字架状の杖を手にした洗礼者ヨハネが

図1（部分）　革の衣を着たアベルはユダに酷似している。地獄から救われた人物と関係があるのだろうか。

現れる。羊飼いアベルの死はキリストの死の「予型」とされ、カインはユダに譬えられた。
とりあげたいのが、サン・マルコ修道院にあるフラ・アンジェリコの作例（図1）である。イエスは、白髪のアダムの手を取って冥府の穴から救い出している。その後ろにエヴァ、そしてエヴァの前に革の衣を着たアベルがいる。このアベルの風貌なのだが、黒髪の浅黒い顔、そして黒い顎鬚の相貌に描かれ、これはまさにユダのイメージそのものなのである。このアベルは祈りのポーズを取り、イエスの方向に歩んでいる。ユダの予型はカインであってアベルではない。しかし、もしこれがカインであるとするなら、救い出されるユダの象徴にほかならないということになる。ユダの風貌をしたアベルの作例は他にもある。アンドレア・ダ・フィレンツェ（一三六五〜六八年、サンタ・マリア・ノヴェルラ聖堂）のアベルも黒髪で黒い顎鬚をつけ、ユダの風貌と酷似した像になっている。カインとアベルを取り違えた、混同したというのがありえない仮説としても、カインとアベルの輻輳《ふくそう》を救い出されるユダの象徴とする考えを実証することは、現段階では困難である。しかし、今後十二分に検討されるに値する課題としてここに記しておきたい。

十二人の弟子に現れるイエス

本書において荒井献は、マルコ福音書では、ユダはガリラヤにおける復活のイエスとの再会を予告されている弟子たち（マコ一四28、一六7）から排除されていないという解釈を提示している。その理解に立つ限りにおいて、イエスを裏切ったユダは、師を「見棄てて逃げて行った」他の弟子たち（マコ一四50）と共に、究極的にはイエスによって赦されている（本書二〇三頁他）。縊死したのか、逃亡したのか、ユダの行く末についてなんらはっきりとした記述を含まないマルコ福音書では、ユダは死んでおらず、他の十一人の弟子たちと共にイエスの復活を目撃したということになるのではないか。

以上の荒井の解釈をそのまま図像学にあてはめることはできないが、イエスが「十二」人の弟子に現れている図像は少なからず存在する（図1～4参照。本書巻頭に「イエスとの再会」として配置）。まず、インゲボルグの詩篇挿絵（図2）であるが、下部は、この図像は復活したイエスを目撃したマグダラのマリヤが「彼の弟子たちとペトロとに言え、『彼はあなたたちより先にガリラヤへ行く。そこでこそ、あなたたちは彼に出会うだろう』」（マコ一六7）というイエスの伝言を弟子たちに告げにいく場面である。弟子の数は十二人であり、当然ながらユダもこの中にいるはずである。ペトロはマグダラのマリヤの前におり、素足を踏み台の上に乗せるという洗足のポーズをしているのですぐに判別できる。マリヤとは反対方向に向いている弟子が二人いるが、ユダを思わせる風貌ではない。それよりも黒髪と黒い顎鬚をつけ、少しうつむいている弟子がユダであるのかもしれない。また、同写本のゲッセマネの場面（図23）でも、いるはずのないユダを含めた、十二人の弟子が描かれている。また、ヴァチカンのノナントラの写本挿絵（図3）でも、イエスは十二人の弟子に現れ、イエスの言葉がロゴスの光となり、弟子たちに至る。ユダの特定はできない。その他サント・ドミンゴ・デ・シロス修道院のトマスの不信の石浮彫り（図4）では、イエスの右の脇腹に触れるトマスのほかに十一人の弟子がいる。最上段の向かって左から二番目の人物がユダである。それは、ニンブスにSANCTVS JVDASと刻まれていることから判別できる。トマスの不信の場面にユダが居合わせていることが明らかになる。ということは、ユダはガリラヤにおける復活のイエスとの再会から排除されていないことになる。ま

図4（部分）　ニンブスにSANCTVS JVDASと刻まれている。トマスの不信の場面にユダは参加し，復活後のイエスと遭遇している。

た、イエスを引き渡した後でもSANCTVS（聖なる）の文字がユダに与えられていることも興味深い。

キリスト教図像学においては、「十二」という数は象徴的な意味をもっている。アウグスティヌスは使徒の数十二を四福音書と、聖三位一体との結びつき（4×3＝12）から説明している。また、十二使徒以外には十二預言者、十二人の族長、十二人の偵察隊、ヤコブの十二人の息子、十二の部族など、十二という数には宗教的な象徴性がある。古代キリスト教美術に見られる十二頭の羊のモチーフもまた、同様に十二使徒を表している。また、ヨハネ黙示録でも、十二は完成・成就を表す数である（黙二一）。したがって、十二弟子が歴史的・物語的に解釈されるか、象徴的に解釈されるかによって、十一人となるか十二人となるかが決まったのではなかろうか。

7　ユダのイメージをめぐって

本稿では、ユダのイメージを聖書の物語に添って追い求めてみた。ユダはイエスの直弟子の一人であったが、なんらかの理由で師をユダヤの指導者たちに「引き渡した」。この事実は否定できないし、図像解釈の基礎に据えざるをえない。

罪深きユダと向き合うことによって、己の罪深さを知る。すなわちユダの中に自己を見るということは、近代以降のことであり、それは現代的なユダ理解のカテゴリーに括られるべきものであろう。ここではあえて、近現代の作例を取り上げることはしなかった。それは、ユダを「現代的」に解釈することで、かえってユダの原風景から遠ざかってしまう結果となるのを恐れたからだ。イエスや聖人（すなわち他者）を自己の中に取り込むという行為、すなわち対象への感情移入は、よほど注意深く行なわれないと、その実像がステレオタイプに陥る危険性がある。

本稿でも考察を要約すれば、悪役としてのユダのイメージは中世末期からルネサンス期に確立したものであり、それまでは常に典型化された悪しきイメージで描かれてはいない。逆にユダのなした罪を過剰に表現する作例は、むしろ少数派であり、ユダの姿を、福音書のテキストに忠実かつ冷静に従い、再現した作例のほうが圧倒的に多数であると言える。「ユダは悪者だから、その表現も悪しき描写になるに違いない」というのは、われわれ現代人の思い込みであり、収録する図像の選択と解説においても、そのような安易なテーゼに基づく解釈は極力避けてきたつもりである。しかし図像には、聖書に記された文字とその解釈だけによっては表現し得ない、思いや解釈が付加され、表現されるのが常である。神学的・理知的理解をはみ出た、あるいは画家の無意識かもしれない要素が加えられるというところに、図像学の可能性を見て取れるように思う。

イエスの死刑確定後、ユダが不自然死を遂げたという伝承や、彼の死を裏切りの「罪」に対する神の裁きとみなす見解が成立した。それは、成立しつつある正統的教会が、ユダの「罪」を赦さず、自らの「罪」をも彼に負わせて、彼を「スケープゴート」として教会から追放した結果であることに異論はないが、ユダは本来イエスに「愛された」弟子であることも動かしようのない事実なのである。

あとがき

筆者は、一九九五年刊行の雑誌『群像』別冊（特集「大江健三郎」）に「信なき者の救い――ラスコーリニコフとイスカリオトのユダによせて」と題する小論を寄稿している（現在は拙著『聖書のなかの差別と共生』一九九九年、『荒井献著作集』第九巻、二〇〇二年、いずれも岩波書店所収）。この頃から岩波書店編集部の中川和夫氏が、筆者にユダを論じた単行本の上梓を勧めてくださっていた。

ところが昨年、「ダ・ヴィンチ・コード」騒ぎに続いて、「ユダ」ブームが起こった。四月六日にアメリカのナショナル ジオグラフィック社（ワシントン）から、『ユダの福音書』のコプト語本文と英訳がインターネットで公表されたのがそのきっかけである。翌七日付け『朝日新聞』夕刊、二二日付け『読売新聞』朝刊に、相次いで、『ユダの福音書』公刊のニュースが報道され、ユダがイエスをユダヤの官憲に引き渡したのはイエスを裏切ったのではなく、実はイエスの指示に従ったのだという、この福音書における「衝撃的記述」を紹介している。その後、日経ナショナル ジオグラフィック社から、写本発見（一九七〇年代）後、『ユダの福音書』本文の公刊に至るまでの三十数年にわたるスリリングなプロセスを追跡したクロスニーの著書の邦訳『ユダの福音書を追え』が、次いでこの福音書本文の英訳と解説の邦訳、カッセル、マイヤー、ウルスト、アーマン編著『原典 ユダの福音書』が出版され、いずれもロングセラーになっているという。

筆者自身も、日経ナショナル ジオグラフィック社から依頼され、同社刊行の月刊誌『ナショナル ジオグラフィック』九月号の付録『新解説 ユダの福音書』に「「正統」のユダ、「異端」のユダ」というタイトルの小論を寄稿し、九月一七日付け『毎日新聞』朝刊の「今週の本棚」、「この人・この3冊」欄に、上記『原典 ユダの福音書』を含む三冊のユダに関する著書（カール・バルト『イスカリオテのユダ』新教出版社、利倉隆『ユダ イエスを裏切った男』平凡社新書）を紹介している。

このような予想外の「ユダ」ブームに、筆者が新約聖書とりわけその外典の研究者として対応を迫られる状況に置かれたこともあって、十数年前に中川氏から依頼されていたユダ論の原稿を、昨年の夏から冬にかけて、一気に書き下ろした。それが本書の基になっている。

なお本書には、キリスト教史学会や恵泉女学園大学で長年「同僚」の関係にあるキリスト教美術史家の石原綱成氏にユダ関係の図像を提供していただいただけではなく、論文「ユダの図像学」を本書の付録として寄稿していただいた。同氏の協力に心から感謝の意を表わす。

本書で筆者は、原始キリスト教史におけるユダ像の変遷を正典四福音書ごとに歴史的に追跡し、それを受けて二〜三世紀に漸く成立しつつあった初期カトリシズムにおけるユダ像との関係で『ユダの福音書』のユダ像をどのように位置づけるかを歴史的に問い、外典を含めた福音書編者たちにとってユダとは誰であったのか、そしてその背後に想定される「歴史のユダ」とは誰であったのかという問いに、筆者なりの応答を試みている。その意味で本書はあくまでユダ像の歴史的探求の成果である。

実は本書に続いて、『ユダのいる風景』というタイトルの小著が同じ岩波書店から出版される予定になっている。この小著は「時代のカルテ」と銘打った「双書」に入ることからも推察していただけるように、「歴史のユダ」が古代から現代にいたるまでどのように受容・変形されてきたか、どのような「風景」に置かれてきたかを辿りながら、現代におけるユダ問題の意味を問うたものである。これももちろん「双書」を企画された中川和夫氏の推輓による。ユダの「影響史」として受けていただければ幸いである。

二〇〇七年三月

荒井　献

博物館，ケルン。

53　ロレンツォ・モナコ，悲しみのキリスト，1404年，アカデミア美術館，フィレンツェ。

54　フラ・アンジェリコ，フレスコ壁画，1437年から1445年の間，サン・マルコ修道院，フィレンツェ。

リール。

34　フレスコ壁画，1100年頃，サン・タンジェロ・イン・フォルミス教会。

35　ヴェストファーレンの画家，板絵，1320年頃，聖母教会，ホーフガイスマール。

36　写本挿絵，1043-46年，ハインリヒ3世の黄金の福音書，エスコリアル。

37　ブロンズ浮彫り，12世紀後半，ベネヴェント大聖堂の扉。

38　フラ・アンジェリコ，板絵，1450-53年，サン・マルコ博物館，フィレンツェ。

39　ジオット，フレスコ壁画，1305年頃，スクロヴェーニ礼拝堂，パドゥア。

40　ベタニアの塗油，写本挿絵，980年頃，エグベルティ写本，トリール市立図書館，トリール。

41　ニコラ・フロマン，ベタニアの塗油，板絵，1461年，ラザロの祭壇画，ウフィッツィ美術館，フィレンツェ。

銀貨三十枚とユダの自殺

42　写本挿絵，1011-14年，ヒルデスハイムのベルンヴァルトの福音書，ヒルデスハイム聖堂宝物館。

43　ジオット，フレスコ壁画，1305年頃，スクロヴェーニ礼拝堂，パドゥア。

44　石浮彫り，1250-60年，ナウムブルク大聖堂。

45　象牙浮彫り，420-430年頃，大英博物館，ロンドン。

46　象牙浮彫り，870年頃もしくは500年頃，ミラノ大聖堂（部分）。

47　ブロンズ浮彫り，12世紀後半，ベネヴェント大聖堂の扉。

48　ブロンズ浮彫り，12世紀後半，ベネヴェント大聖堂の扉。

49　石浮彫り，1290-1310年，フライブルク大聖堂（部分）。

50　石浮彫り，1280年頃，シュトラスブール大聖堂。

受難図におけるユダ

51　アルマ・クリスティ，写本挿絵，14世紀初頭，ヴィクトリア＆アルバート博物館，ロンドン。

52　悲しみのキリスト，油彩，15世紀後半，ヴァルラフ・リヒャルツ

16　ハウスブーフの画家，弟子の足を洗うイエス，15世紀後半，国立博物館，ベルリン。
17　写本挿絵，1007年か1012年，ハインリヒ２世の典礼書，バイエルン国立博物館，ミュンヘン。
18　写本挿絵，1210年頃，インゲボルグ詩篇，コンデ美術館。
19　石浮彫り，12世紀，ヴォルテルラ聖堂。
20　七宝細工，1181年，クロスターノイブルクの祭壇。

ゲツセマネのイエス

21　モザイク，６世紀初頭，ラヴェンナ，サン・タポリナーレ・ヌオヴォ聖堂。
22　象牙浮彫り（写本装丁板），900年頃，ライン地方，ヴェルナー女史蔵，ロンドン。
23　写本挿絵，1200年頃，インゲボルグ詩篇，コンデ美術館。
24　板絵，1410年，中部ライン地方，祭壇扉，大司教博物館，ウトレヒト。
25　ハンス・ムルチャー，板絵，1437年，ヴルツァッハの祭壇，国立博物館，ベルリン。
26　上部ラインの画家，板絵，1460年頃，ミュゼ・ド・ボザール，リヨン。
27　アンドレア・マンテーニャ，テンペラ，1460年頃，ナショナルギャラリー，ロンドン。
28　レンブラント，ペン，1650-55年，ハンブルク美術館。

ユダの接吻

29　モザイク，６世紀初頭，ラヴェンナ，サン・タポリナーレ・ヌオヴォ聖堂。
30　写本挿絵，600年頃，アウグスティヌスの福音書，コーパス・クリスティー・カレッジ，ケンブリッジ。
31　写本挿絵，820-830年頃，シュトゥットトゥガルト詩篇，サン・ジェルマン・デ・プレ聖堂。
32　ペンとインクの素描，1050年頃，コットン詩篇，大英博物館，ロンドン。
33　写本挿絵，980年頃，エグベルティ写本，トリール市立図書館，ト

図 版 一 覧

イエスとの再会

1　フラ・アンジェリコ派，冥府への降下，フレスコ壁画，1437年から1445年の間，サン・マルコ修道院，フィレンツェ。
2　写本挿絵，弟子に現れるイエス，1200年頃，インゲボルグ詩篇，コンデ美術館。
3　写本挿絵，弟子に現れるイエス，1039年，ノナントラ写本，アンジェリカ図書館，ローマ。
4　石浮彫り，トマスの不信，1085-1100年，サント・ドミンゴ・デ・シロス修道院。

「最後の晩餐」図におけるユダ

5　象牙浮彫り（聖遺物匣部分），5世紀中頃，ラヴェンナか北イタリア，ミラノ大聖堂。
6　モザイク，6世紀初頭，ラヴェンナ，サン・タポリナーレ・ヌオヴォ聖堂。
7　写本挿絵，6世紀後半，ロッサノ福音書，アルチヴェスコヴァド博物館。
8　フレスコ壁画，1100年頃，サン・タンジェロ・イン・フォルミス聖堂。
9　写本挿絵，9世紀中頃，クルドフ詩篇，モスクワ歴史博物館。
10　写本挿絵，10世紀後半，ビザンツ，ロシア国立図書館，サンクトペテルブルク。
11　写本挿絵，600年頃，アウグスティヌスの福音書，コーパス・クリスティー・カレッジ，ケンブリッジ。
12　象牙浮彫り，9世紀，国立博物館，ベルリン。
13　写本挿絵，1043-46年，ハインリヒ3世の福音書，エスコリアル。
14　写本挿絵，820-830年頃，シュトゥットガルト詩篇，サン・ジェルマン・デ・プレ聖堂。
15　写本挿絵，1085-86年，ヴラティスラフ王の福音書，国立図書館，プラハ。

Lost Gospel, San Francisco 2006. ただし，上記邦訳は上記原著第一版の改訂第二版（2007年）の原稿によるとのこと）
ワーグナー，H.編『イスカリオテのユダ――人間的あるいは救済史的ドラマ？』(Wagner, H. (ed.), *Judas Iskariot. Menschliches oder heilsgeschichtliches Drama?*, Frankfurt a. M. 1985.)

追記（2007年以降に出版）
The Gospel of Judas, Introduction by G. Wurst, Coptic text ed. by R. Kasser, G. Wurst, English translation by M. Meyer, F. Gaudard, French translation by R. Kasser, Notes by M. Meyer, G. Wurst, in: *The Gospel of Judas, Together with the Letter of Peter to Philip, James, and a Book of Allogenes from Codex Tchacos*, Critical Edition, Coptic text ed. by R. Kasser, G. Wurst, Introduction, Translation, and Noted by R. Kasser, M. Meyer, G. Wurst, F. Gaudard, Washington 2007.
大貫隆編著『イスカリオテのユダ』日本キリスト教団出版局，2007年

（第２刷発行にあたって）
荒井献『使徒行伝』上巻，新教出版社，1977年，復刊版：2004年
荒井献『使徒行伝』中巻，新教出版社，2014年
荒井献『使徒行伝』下巻，新教出版社，2016年
エレーヌ・ペイゲルス，カレン・L・キング『「ユダ福音書」の謎を解く』山形孝夫，新免貢訳，河出書房新社，2013年（Pagels, E., King, K. L., *The Gospel of Judas and the Shaping of Christianity*, New York 2007）

書院，2001年
シュヴァイツァー，E.『NTD新約聖書註解 マタイによる福音書』佐竹明訳，NTD新約聖書註解刊行委員会，1978年（Schweizer, E., *Das Evangelium nach Matthäus*, Göttingen 1973.）
須藤伊知郎「ユダの最期と「血の畑」の購入――マタイ福音書27：3-10の釈義」『新約学研究』2000年第28号所収
ターナー，J. D.『セツ派のグノーシス主義とプラトン的伝統』（Turner, J. D., *Sethian Gnosticism and the Platonic Tradition*, Québec 2001.）
日本聖書学研究所編『聖書外典偽典6 新約外典Ⅰ』教文館，1976年
―――編『聖書外典偽典7 新約外典Ⅱ』教文館，1976年
廣石望「マルコによる福音書」，大貫隆・山内眞監修『新版総説 新約聖書』日本キリスト教団出版局，2003年所収
フォーグラー，W.『イスカリオテのユダ』（Vogler, W., *Judas Iskarioth*, Berlin 1983.）
プラトン『饗宴』鈴木照雄訳（『プラトン全集5 饗宴・パイドロス』岩波書店，1974年）
―――『ティマイオス』種山恭子訳（『プラトン全集12 ティマイオス・クリティアス』岩波書店，1975年）
ブランドン，S. G. F.『イエスとゼーロータイ――原始キリスト教における政治的要素に関する研究』（Brandon, S. G. F., *Jesus and the Zealots. A Study of the Political Factor in Primitive Christianity*, Manchester 1967.）
ブルトマン，R.『ヨハネの福音書』杉原助訳，日本キリスト教団出版局，2005年（Bultmann, R., *Das Evangelium des Johannes*, 16. Aufl., Göttingen 1959.）
山口里子『マルタとマリア イエスの世界の女性たち』新教出版社，2004年
ルツ，U.『EKK新約聖書註解Ⅰ/4 マタイによる福音書』小河陽訳，教文館，2009年（Luz, U., *EKK I/4 Das Evangelium nach Matthäus*, Neukirchen 2002.）
ロビンソン，J. M.『ユダの秘密――「裏切り者」とその「福音書」をめぐる真実』戸田聡訳，教文館，2007年（Robinson, J. M., *The Secrets of Judas. The Story of the Misunderstood Disciple and His*

参考文献

荒井献「信なき者の救い――ラスコーリニコフとイスカリオトのユダによせて」，荒井献『聖書のなかの差別と共生』岩波書店，1999年；『荒井献著作集』第9巻，岩波書店，2002年所収（初出；1995年）
―――編『新約聖書外典』講談社文芸文庫，1997年
―――編『使徒教父文書』講談社文芸文庫，1998年
荒井献・大貫隆責任編集『ナグ・ハマディ文書Ⅰ 救済神話』岩波書店，1997年
―――責任編集『ナグ・ハマディ文書Ⅱ 福音書』岩波書店，1998年
―――責任編集『ナグ・ハマディ文書Ⅲ 説教・書簡』岩波書店，1998年
―――責任編集『ナグ・ハマディ文書Ⅳ 黙示録』岩波書店，1998年
荒井献・池田裕編著『聖書名言辞典』講談社，2004年
荒井献「「正統」のユダ，「異端」のユダ」『新解説 ユダの福音書』（『ナショナル ジオグラフィック』2006年9月号「付録」）
大貫隆『ヨハネによる福音書 世の光イエス』日本基督教団出版局，1996年
カッセル，R.，マイヤー，M.，ウルスト，G.，アーマン，B. D. 編著『原典 ユダの福音書』藤井留美他訳，日経ナショナル ジオグラフィック社，2006年（Kasser, R., Meyer, M., Wurst, G., Ehrman, B. D.（eds.）, *The Gospel of Judas from Codex Tchacos*, Washington 1996.）
カーマイケル，J.『キリストはなぜ殺されたか』西義之訳，読売新聞社，1972年（J. Carmichael, *The Death of Jesus*, London 1962.）
クラウク，H. J.『ユダ 主の弟子の一人』（Klauck, H.-J., *Judas－ein Jünger des Herrn*, Freiburg i. Br. 1987.）
クラッセン，W.『ユダの謎解き』森夏樹訳，青土社，2007年（Klassen, W., *Judas. Betrayer or Friend of Jesus?*, London 1996.）
クロスニー，H.『ユダの福音書を追え』関利枝子他訳，日経ナショナル ジオグラフィック社，2006年（Krosney, H., *The Lost Gospel*, Washington 2006.）
佐藤研『悲劇と福音――原始キリスト教における悲劇的なるもの』清水

KODANSHA

石原綱成（いしはら　こうせい）

1961年生まれ。東海大学大学院文学研究科文明研究専攻博士課程中退。専門はキリスト教美術。高崎健康福祉大学准教授。共著書に『マグダラのマリア無限の愛』（岩波書店）『ヨハネの黙示録』（講談社学術文庫）『レオナルド・ダ・ヴィンチの世界』（東京堂出版）『ユダのいる風景』（岩波書店）など。

本書の原本は、二〇〇七年五月、岩波書店より刊行されました。

荒井　献（あらい　ささぐ）

1930年生まれ。東京大学大学院人文科学研究科西洋古典学博士課程修了。神学博士（エルランゲン大学）。東京大学・恵泉女学園大学名誉教授。日本学士院会員。専攻は新約聖書学。著書『原始キリスト教とグノーシス主義』『イエス・キリストの言葉』『初期キリスト教の霊性』『トマスによる福音書』等のほか，「荒井献著作集」全10巻別巻1巻がある。

講談社学術文庫

定価はカバーに表示してあります。

ユダとは誰《だれ》か

原始《げんし》キリスト教《きょう》と『ユダの福音書《ふくいんしょ》』の中《なか》のユダ

荒井《あらい》　献《ささぐ》

2015年11月10日　第1刷発行
2021年9月22日　第3刷発行

発行者　鈴木章一
発行所　株式会社講談社
東京都文京区音羽2-12-21 〒112-8001
電話　編集（03）5395-3512
販売（03）5395-4415
業務（03）5395-3615

装　幀　蟹江征治
印　刷　豊国印刷株式会社
製　本　株式会社国宝社
本文データ制作　講談社デジタル製作

ISBN978-4-06-292329-3

「講談社学術文庫」の刊行に当たって

これは、学術をポケットに入れることをモットーとして生まれた文庫である。学術は少年の心を養い、成年の心を満たす。その学術がポケットにはいる形で、万人のものになることは、生涯教育をうたう現代の理想である。

こうした考え方は、学術を巨大な城のように見る世間の常識に反するかもしれない。また、一部の人たちからは、学術の権威をおとすものと非難されるかもしれない。しかし、それはいずれも学術の新しい在り方を解しないものといわざるをえない。

学術は、まず魔術への挑戦から始まった。やがて、いわゆる常識をつぎつぎに改めていった。学術の権威は、幾百年、幾千年にわたる、苦しい戦いの成果である。こうしてきずきあげられた城が、一見して近づきがたいものにうつるのは、そのためである。しかし、学術の権威を、その形の上だけで判断してはならない。その生成のあとをかえりみれば、その根は常に人々の生活の中にあった。学術が大きな力たりうるのはそのためであって、生活をはなれた学術は、どこにもない。

開かれた社会といわれる現代にとって、これはまったく自明である。生活と学術との間に、もし距離があるとすれば、何をおいてもこれを埋めねばならない。もしこの距離が形の上の迷信からきているとすれば、その迷信をうち破らねばならぬ。

学術文庫は、内外の迷信を打破し、学術のために新しい天地をひらく意図をもって生まれた。文庫という小さい形と、学術という壮大な城とが、完全に両立するためには、なおいくらかの時を必要とするであろう。しかし、学術をポケットにした社会が、人間の生活にとってより豊かな社会であることは、たしかである。そうした社会の実現のために、文庫の世界に新しいジャンルを加えることができれば幸いである。

一九七六年六月　　野間省一

宗教

密教経典　大日経・理趣経・大日経疏・理趣釈
宮坂宥勝訳注

大乗の教えをつきつめた先に現れる深秘の思想、宇宙の真理と人間存在の真実を追究する、その精髄とはなにか。詳細な語釈を添え現代語訳を施した密教の代表的経典をとおして、その教義と真髄を明らかにする。

2062

仏教誕生
宮元啓一著

古代インドの宗教的・思想的土壌にあって他派の思想との対立と融合を経るなかで、どんな革新性をもって仏教は生まれたのか？　そこで説かれたのは「慈悲」と「救済」だったのか？　釈尊の思想の本質にせまる。

2102

ユダヤ教の誕生
荒井章三著

放浪、奴隷、捕囚。民族的苦難の中で遊牧民の神は成長し宇宙を創造・支配する唯一神に変貌する。キリスト教やイスラーム、そしてイスラエル国家を生んだ「奇跡の宗教」誕生の謎に『聖書』の精緻な読解が挑む。

2152

ヨーガの哲学
立川武蔵著

世俗を捨て「精神の至福」を求める宗教実践は「根源的統一への帰一」へと人々を導く――。チャクラ、調気法、坐法、観想法等、仏教学の泰斗が自らの経験を踏まえてヨーガの核心をときあかす必読のヨーガ入門。

2185

インド仏教思想史
三枝充悳著

古代インドに仏教は誕生し、初期仏教から部派仏教、そして大乗仏教へと展開する。アビダルマ、中観、唯識、仏教論理学、密教と花開いた仏教史に沿って、基本思想とその変遷、重要概念を碩学が精緻に読み解く。

2191

往生要集を読む
中村　元著

日本人にとって地獄や極楽とは何か。元来、インド仏教にはなかったこの概念が日本に根づくのには『往生要集』の影響があった。膨大なインド仏教原典と源信の思想を比較検証し、日本浄土教の根源と特質に迫る。

2197

宗教

頼富本宏著
密教とマンダラ
真言・天台という日本の密教を世界の仏教史のなかに位置づけ、その歴史や教義の概要を紹介。胎蔵界・金剛界の両界マンダラを中心に、その種類や構造、思想、登場するほとけたちとその役割について平易に解説。

2229

大貫 隆訳・著
グノーシスの神話
「悪は何処からきたのか」という難問をキリスト教会に突き付け、あらゆる領域に「裏の文化」として影響を及ぼした史上最大の異端思想のエッセンス。ナグ・ハマディ文書、マンダ教、マニ教の主要な断章を解読。

2233

大谷哲夫全訳注
道元「永平広録　真賛・自賛・偈頌《げじゅ》」
禅者は詩作者でもあった。道元の主著として『正法眼蔵』と並ぶ『永平広録』の掉尾を飾る最終巻。道元が漢詩に詠んださとりの深奥を簡明に解説し、禅の思想と世界を追体験する。『永平広録』訳注シリーズ完結。

2241

河口慧海著／高山龍三校訂
チベット旅行記（上）（下）
仏典を求めて、厳重な鎖国下のチベットに、困難を乗り越えて、単身入国・帰国を果たした河口慧海。最高の旅行記にして、生活・風俗・習慣の記録として、チベット研究の第一級の資料。五巻本を二巻本に再編成。

2278・2279

竹村牧男著
日本仏教　思想のあゆみ
聖徳太子、南都六宗、最澄・空海、そして鎌倉新仏教。インド以来の仏教史の到達点である日本仏教の高度な思想はいかに生まれたか。各宗派祖師の思想の概略を平易に解説し、日本人のものの見方の特質を描き出す。

2285

荒牧典俊・本庄良文・榎本文雄訳
スッタニパータ［釈尊のことば］全現代語訳
かくしてひとり離れて修行し歩くがよい、あたかも一角の犀そっくりになって――。現代語で読む最古層の原始仏典。師の教えに導かれた弟子たちが簡素な生活の中で修行に励み、解脱への道を歩む姿がよみがえる。

2289